KOMPLETNA KSIĄŻKA KUCHENNA TURNOVER

100 kruchych i aromatycznych przepisów

Fryderyk Baran

Prawa autorskie ©2024

Wszelkie prawa zastrzeżone

Żadna część tej książki nie może być wykorzystywana ani rozpowszechniana w jakiejkolwiek formie i w jakikolwiek sposób bez odpowiedniej pisemnej zgody wydawcy i właściciela praw autorskich, z wyjątkiem krótkich cytatów użytych w recenzji. Niniejsza książka nie powinna być traktowana jako substytut porady lekarskiej, prawnej lub innej porady zawodowej.

SPIS TREŚCI

SPIS TREŚCI 3
WSTĘP 6
OBROTY OWOCÓW 7
   1. Przewne Obroty 8
   2. Wiśniowe obroty 10
   3. Obroty Apple Biscoff 12
   4. Gruszkowe obroty 14
   5. Obroty Apple Peach 17
   6. Obroty Apple-Cheddar 19
   7. Obrót jagodami cytrynowymi 21
   8. Obroty morelowe 23
   9. Obroty Cran-Apple Tamale 25
   10. Obroty żurawinowe z polewą klonową 27
   11. Obrót ananasem 29
   12. Mieszane obroty jagodowe z Sabayonem 31
   13. Obroty brzoskwiniowo-migdałowe 33
   14. Obrót gruszkami i imbirem 35
   15. Malinowe obroty 37
   16. Obrót brzoskwiniami i śmietaną 39
OBROTY KAWĄ 41
   17. Obroty Cappuccino 42
   18. Obroty kawowo-czekoladowe 44
   19. Obroty kawowo-migdałowe 46
   20. Obroty kawowo-karmelowe 48
   21. Obroty serka śmietankowego espresso 50
   22. Obrót orzechem kawowym 52
   23. Obroty kremu Mocha 54
   24. Obroty orzechów laskowych kawy 56
   25. Obroty kawowo-wiśniowe 58
OBROTY DROBIU 60
   26. Obroty z Kurczakiem Curry 61
   27. Curry Obroty z indyka 63
   28. Obroty Curry z Wędzonym Kurczakiem 65
   29. Obroty z kurczaka z szynką i serem 67
   30. Obroty z kurczaka w salsie 69
   31. Obrót Kurczakiem Buffalo 71
   32. Obroty Kurczaka Grzybowego 73
   33. Obroty ze szpinakiem i kurczakiem feta 75
   34. Obroty z kurczaka z grilla 77
   35. Obrót Kurczakiem Caprese 79

36. Greckie Obroty Kurczaków 81
37. Obroty Kurczaka Pesto 83
38. Obroty z kurczaka Cajun 85
39. Obroty z kurczaka po florencku 87
40. Pesto z kurczaka i suszone pomidory 89
41. Obroty z kurczakiem i grzybami w sosie śmietanowym czosnkowym 91

OBRÓT WOŁOWINY I JAGNIĘCINY 93
42. Obroty Cheeseburgerami 94
43. Obroty łuszczącej się wołowiny 96
44. Obrót mieloną wołowiną 98
45. Włoskie obroty mięsem 100
46. Obroty Rubena 102
47. Miniobroty kiełbasy i ziemniaków 104
48. Obrót kiełbasą i grzybami 106
49. Obroty z wędzoną szynką i kozim serem 108
50. Obrót wołowiną mongolską 110
51. Obrót jagnięciną i fetą 112
52. Obrót wołowiną i brokułami 114
53. Pikantne Obroty Jagnięce 116

OBROT RYB I OWOCÓW MORZA 118
54. Obrót rakami 119
55. Obrót przegrzebkami i bekonem 121
56. Obrót krewetkami Scampi 123
57. Obrót tuńczykiem 125
58. Obrót dorszem galicyjskim 128
59. Obrót krewetkami 131
60. Obroty Johna Dory'ego 134
61. Obrót kukurydzą i homarem 137
62. Obrót czosnkiem, ziołami i łososiem 140
63. Obrót Mini Krabem 142
64. Obroty Tilapii 145

OBRÓT WIEPRZOWNI 148
65. Obrót szarpaną wieprzowiną 149
66. Obrót wieprzowiną jabłkową 151
67. Obrót kiełbasą i jabłkami 153
68. Obrót wieprzowiną Hoisin 155
69. Obrót wieprzowiną i kimchi 157
70. Obrót wieprzowiną i kapustą 159
71. Obrót kiełkami wieprzowiny i fasoli 161
72. Obrót wieprzowiną i ananasem 163

OBROTY SERÓW 165
73. Obroty szpinakiem i serem feta 166
74. Trzy obroty serem 168

75. Obrót Cheddarem i Brokułami 170
76. Obrót serem pleśniowym i gruszkami 172
77. Obroty serem kozim i pieczoną czerwoną papryką 174
78. Obroty Brie i Cranberry 176
79. Obrót serem Cheddar i jabłkami 178
80. Obroty z ricottą i szpinakiem 180
81. Obroty z grzybami i serem szwajcarskim 182
82. Obrót bekonem i Goudą 184
83. Obroty z suszonymi pomidorami i mozzarellą 186
84. Obroty z karczochami i parmezanem 188
85. Obrót pizzą 190

OBROTY DESERÓW 193

86. Obroty jabłkowo-cynamonowe 194
87. Obroty wiśniowo-migdałowe 196
88. Obroty Nutellą i Bananami 198
89. Obroty Peach Cobbler 200
90. Mieszane jagody z polewą waniliową 202
91. Czekoladowe Obroty Orzechów Laskowych 204
92. Obrót puddingiem ryżowym 206

OBROT WARZYW 208

93. Obrót Ziemniakami Ziołowymi 209
94. Obroty grzybowe 211
95. Obroty serem kozim i szpinakiem 213
96. Obroty Warzywne z Sosem Gorgonzola 215
97. Obrót ziemniakami i szczypiorkiem 217
98. Obroty szpinakowe 219
99. Obrót bakłażanem 221
100. Obrót warzywny z sosem z pieczonych pomidorów 223

WNIOSEK 225

WSTĘP

Witamy w „KOMPLETNA KSIĄŻKA KUCHENNA TURNOVER", przewodniku po opanowaniu sztuki tworzenia kruchych i aromatycznych placków. Obroty ze złocistą, maślaną skórką i pysznym nadzieniem to wszechstronne ciasto, które smakuje na całym świecie na śniadanie, deser lub o każdej porze dnia. W tej książce kucharskiej przedstawiamy 100 przepysznych przepisów, dzięki którym Twoje obiady zmienią się ze zwyczajnych w niezwykłe.

Obroty to rozkoszny przysmak, który można wypełnić szeroką gamą słodkich lub pikantnych składników, dzięki czemu są idealne na każdą okazję. Niezależnie od tego, czy wolisz klasyczne nadzienia owocowe, takie jak jabłko czy wiśnia, pikantne opcje, takie jak ser i szpinak, czy też smakowite połączenia, takie jak czekolada i orzechy laskowe, w tej książce kucharskiej znajdziesz przepis na obrót, który zaspokoi każdy gust i pragnienie.

Ale „Książka kucharska „KOMPLETNA KSIĄŻKA KUCHENNA TURNOVER" to coś więcej niż zbiór przepisów — to święto sztuki wypieku ciast i radość dzielenia się pysznymi smakołykami z przyjaciółmi i rodziną. Każdy przepis został opracowany tak, aby był przystępny, łatwy do wykonania i gwarantował imponujące rezultaty nawet początkującym piekarzom.

Niezależnie od tego, czy chcesz zaimponować gościom na następnym brunchu, poczęstować rodzinę domowym deserem, czy po prostu delektować się pyszną przekąską, niech „KOMPLETNA KSIĄŻKA KUCHENNA TURNOVER" stanie się Twoim ulubionym źródłem informacji na temat obrotów. Od pierwszego kęsa po ostatni, utrzymujący się smak nadzienia, niech każdy obrót będzie dla Was źródłem radości i satysfakcji.

OBROTY OWOCÓW

1.P rzewne Obroty

SKŁADNIKI:

- 2 jabłka, obrane, wydrążone i pokrojone w drobną kostkę
- 1 łyżka cukru plus dodatkowa ilość do posypania
- szczypta cynamonu
- 1 jajko, lekko ubite
- 2 arkusze ciasta francuskiego, rozmrożone
- 1 łyżeczka cukru pudru (opcjonalnie)

INSTRUKCJE:

a) Połącz jabłko, cukier i cynamon w małej misce. Wymieszaj, aby jabłko było nią pokryte.
b) Obydwa arkusze ciasta francuskiego przekrój na ćwiartki, tak aby każdy arkusz miał cztery kwadraty.
c) Na każdy kwadrat nałóż masę jabłkową i posmaruj brzegi jajkiem.
d) Złóż każdy kwadrat jeden na drugi, tworząc trójkąt. Dociśnij brzegi i zlep, naciskając widelcem.
e) Wierzch każdego trójkąta posmaruj jajkiem i posyp dodatkowo cukrem.
f) Umieść cztery trójkąty w koszyku frytkownicy . Piec w temperaturze 180°C przez 11 minut lub do momentu, aż ciasto będzie złocistobrązowe i idealnie wyrośnięte. Będziesz musiał gotować w dwóch partiach.

2.Wiśniowe obroty

SKŁADNIKI:
- Opakowanie 17¼ uncji mrożonego ciasta francuskiego, rozmrożonego
- 21-uncjowa puszka nadzienia do ciasta wiśniowego, odsączona
- 1 szklanka cukru pudru
- 2 łyżki wody

INSTRUKCJE:
a) Oddziel arkusze ciasta francuskiego i pokrój każdy na 4 kwadraty.
b) Nadzienie ciasta podzielić równomiernie na kwadraty.
c) Brzegi ciasta posmaruj wodą i złóż na pół po przekątnej.
d) Sklejamy i zaciskamy brzegi widelcem. Za pomocą noża wykonaj małe nacięcie w górnej części obrotów, aby zapewnić wentylację.
e) Piec na nienatłuszczonej blasze do pieczenia w temperaturze 400 stopni przez 15 do 18 minut, aż będzie napęczniały i złocisty. Niech lekko ostygnie.
f) Zmieszaj cukier puder i wodę; polewać ciepłe placki.

3.Obroty Apple Biscoff

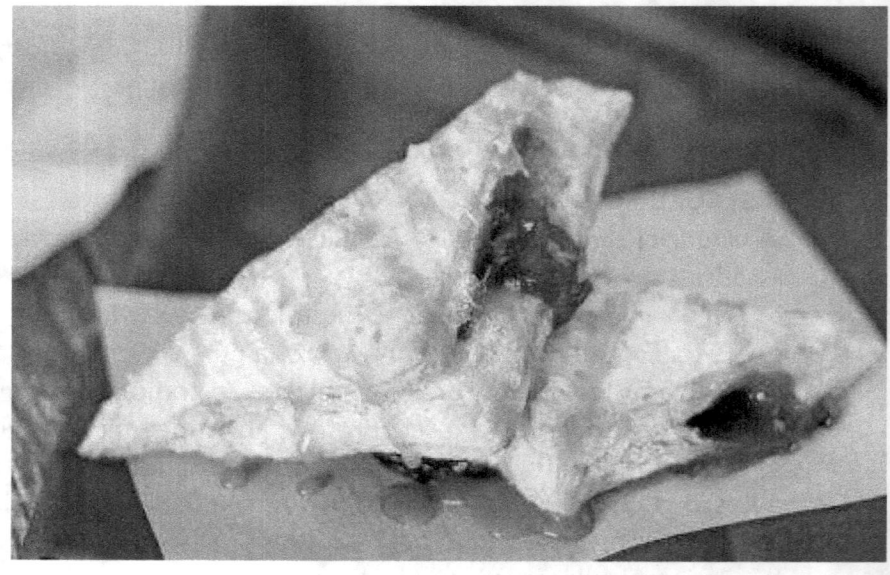

SKŁADNIKI:

- 2 arkusze ciasta francuskiego, rozmrożone
- 2 średnie jabłka, obrane, wydrążone i pokrojone w kostkę
- 2 łyżki granulowanego cukru
- 1 łyżeczka mielonego cynamonu
- ½ szklanki pasty Biscoff
- 1 roztrzepane jajko (do posmarowania jajek)
- Cukier puder, do posypania

INSTRUKCJE:

a) Rozgrzej piekarnik do 200°C i wyłóż blachę do pieczenia papierem pergaminowym.

b) W misce wymieszaj pokrojone w kostkę jabłka, cukier granulowany i mielony cynamon, aż dobrze się połączą.

c) Rozwałkuj arkusze ciasta francuskiego na lekko posypanej mąką powierzchni i pokrój je w kwadraty lub prostokąty.

d) Nałóż łyżkę pasty Biscoff na połowę każdego kwadratu lub prostokąta ciasta, pozostawiając brzegi na brzegach.

e) Połóż łyżkę mieszanki jabłkowej na wierzchu pasty Biscoff.

f) Nałóż drugą połowę ciasta na nadzienie i dociśnij brzegi, aby je złączyć.

g) Za pomocą widelca zaciśnij krawędzie obrotów.

h) Ułóż placki na przygotowanej blasze do pieczenia i posmaruj ich wierzch roztrzepanym jajkiem.

i) Piec w nagrzanym piekarniku przez 15-20 minut lub do momentu, aż uzyskasz złoty kolor i puszystość.

j) Wyjmij z piekarnika i pozostaw placki do ostygnięcia na metalowej kratce.

k) Przed podaniem posypujemy cukrem pudrem. Podawać na ciepło lub w temperaturze pokojowej.

4. Gruszkowe obroty

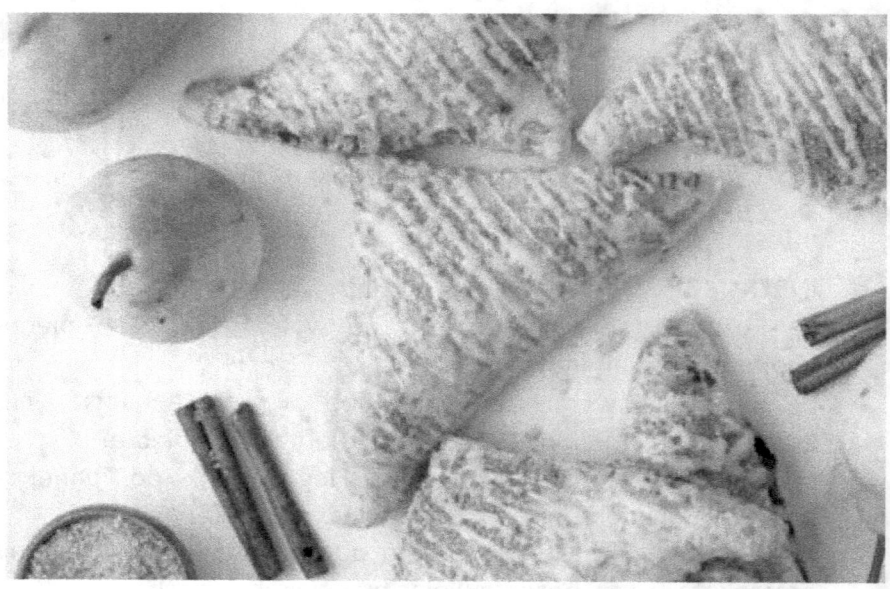

SKŁADNIKI:
DO WYPEŁNIENIA:
- 6 do 8 pestek i drobno posiekanych daktyli Medjool
- ¼ łyżeczki sody oczyszczonej
- 3 łyżki niesolonego masła
- 5 lub 6 dojrzałych średnich gruszek Bosc, obranych, wydrążonych i pokrojonych w kostkę
- 2 łyżeczki ekstraktu waniliowego
- 1 łyżeczka mielonego cynamonu
- 1 łyżeczka mielonego imbiru
- ¼ łyżeczki zmielonego ziela angielskiego
- Szczypta zmielonych goździków
- ¼ łyżeczki soli koszernej

ZA OBROTY:
- Około 1 funta ciasta francuskiego kupnego lub domowego
- 1 duże jajko, lekko ubite
- 2 łyżki gęstej śmietanki

INSTRUKCJE:
DO WYPEŁNIENIA:
a) W małej misce połącz daktyle i sodę oczyszczoną. Daktyle zalewamy taką ilością gorącej wody, aby je namoczyć. Mieszaj, aby rozpuścić sodę oczyszczoną i pozwól daktylom namoczyć się przez 10 do 15 minut.
b) Daktyle odcedzić i lekko rozgnieść łyżką lub widelcem, aż będą gładkie i miękkie.
c) Na dużej patelni rozpuść masło na średnim ogniu. Dodać zmiksowane daktyle, posiekane gruszki, wanilię, cynamon, imbir, ziele angielskie, goździki i sól.
d) Gotuj przez 5 do 6 minut, aż daktyle i gruszki zaczną miękną̨ć, a przyprawy dobrze się rozprowadzą. Jeśli mieszanina wydaje się sucha, dodaj do ¼ szklanki wody.
e) Kontynuuj gotowanie przez kolejne 5 do 6 minut, aż daktyle rozpuszczą się w gruszkach i mieszanina będzie przypominać miękki kompot gruszkowy. Zdjąć z ognia i ostudzić. Powinno wyjść około 3 ½ szklanki kompotu.

ZA OBROTY :

f) Rozgrzej piekarnik do 175°C (350°F). Blachę do pieczenia wyłóż papierem pergaminowym.
g) Na posypanej mąką powierzchni roboczej rozwałkuj ciasto francuskie na cienki prostokąt. Przytnij krawędzie, aby utworzyć zgrabny prostokąt.
h) Ciasto pokroić na 8 równych kwadratów. Na połowie każdego kwadratu umieść około ⅓ szklanki kompotu gruszkowego, pozostawiając brzegi.
i) Brzegi ciasta posmaruj roztrzepanym jajkiem, a następnie złóż ciasto na kompot, tworząc trójkąt. Mocno dociśnij krawędzie, aby złączyć je widelcem.
j) Obroty przełożyć na przygotowaną blachę do pieczenia. Wierzch posmaruj mieszanką jajka i śmietany.
k) Piec przez 50 do 60 minut, aż placki staną się złotobrązowe i upieczone.
l) Przed podaniem pozostawić placki do ostygnięcia na blasze do pieczenia na co najmniej 1 godzinę. Cieszyć się!

5.Obroty Apple Peach

SKŁADNIKI:

- 2 jabłka, obrane, wydrążone i pokrojone w kostkę
- 2 brzoskwinie, obrane, wypestkowane i pokrojone w kostkę
- 1/4 szklanki cukru
- 1 łyżeczka mielonego cynamonu
- 1/4 łyżeczki mielonej gałki muszkatołowej
- 1 łyżka soku z cytryny
- 1 opakowanie ciasta francuskiego, rozmrożonego
- 1 jajko, ubite

INSTRUKCJE:

a) Rozgrzej piekarnik do 375°F (190°C).
b) W misce wymieszaj pokrojone w kostkę jabłka, brzoskwinie, cukier, cynamon, gałkę muszkatołową i sok z cytryny.
c) Ciasto francuskie rozwałkować i pokroić w kwadraty.
d) Na każdy kwadrat nałóż łyżkę mieszanki jabłkowo-brzoskwiniowej.
e) Z ciasta składamy nadzienie, tworząc trójkąty, a brzegi sklejamy widelcem.
f) Posmaruj placki roztrzepanym jajkiem.
g) Ułożyć na blasze wyłożonej papierem do pieczenia i piec przez 20-25 minut lub do złotego koloru.
h) Przed podaniem lekko ostudź.

6. Obroty Apple-Cheddar

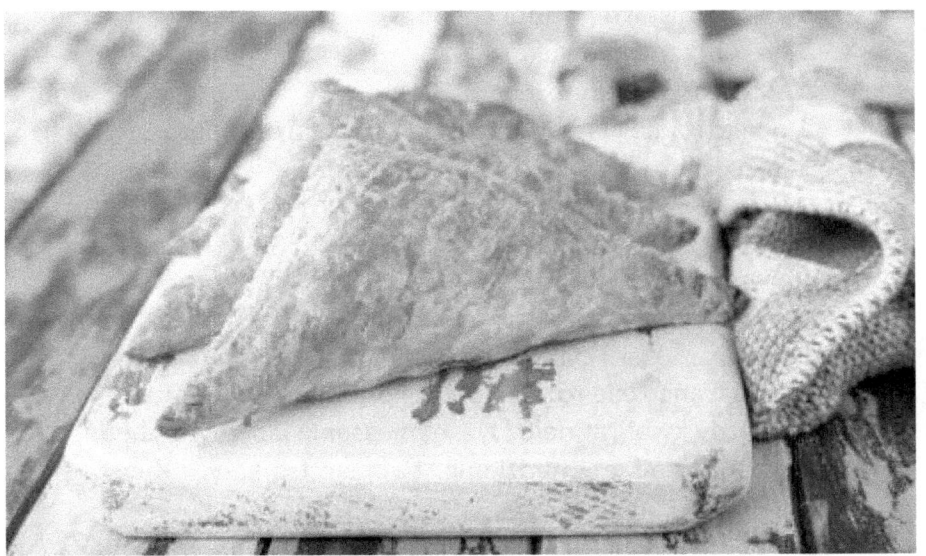

SKŁADNIKI:
- 2 jabłka, obrane, wydrążone i pokrojone w kostkę
- 1 szklanka startego sera cheddar
- 2 łyżki brązowego cukru
- 1/2 łyżeczki mielonego cynamonu
- 1 opakowanie ciasta francuskiego, rozmrożonego
- 1 jajko, ubite

INSTRUKCJE:
a) Rozgrzej piekarnik do 375°F (190°C).
b) W misce wymieszaj pokrojone w kostkę jabłka, ser Cheddar, brązowy cukier i cynamon.
c) Ciasto francuskie rozwałkować i pokroić w kwadraty.
d) Na każdy kwadrat nałóż łyżkę mieszanki jabłkowo-cheddar.
e) Z ciasta składamy nadzienie, tworząc trójkąty, a brzegi sklejamy widelcem.
f) Posmaruj placki roztrzepanym jajkiem.
g) Ułożyć na blasze wyłożonej papierem do pieczenia i piec przez 20-25 minut lub do złotego koloru.
h) Przed podaniem lekko ostudź.

7.Obrót jagodami cytrynowymi

SKŁADNIKI:
- 2 arkusze ciasta francuskiego, rozmrożone
- 1 szklanka świeżych jagód
- 1/4 szklanki granulowanego cukru
- Skórka i sok z 1 cytryny
- 1 łyżka skrobi kukurydzianej
- 1 jajko, ubite
- Cukier puder, do posypania

INSTRUKCJE:
a) Rozgrzej piekarnik do 190°C (375°F). Blachę do pieczenia wyłóż papierem pergaminowym.
b) W misce wymieszaj świeże jagody, cukier granulowany, skórkę z cytryny, sok z cytryny i skrobię kukurydzianą, aż dobrze się połączą.
c) Rozwałkuj arkusze ciasta francuskiego i pokrój każdy na 4 kwadraty.
d) Na połówkę każdego kwadratu ciasta nałóż łyżkę mieszanki jagodowej.
e) Złóż drugą połowę ciasta na nadzienie, tworząc kształt trójkąta. Brzegi dociśnij widelcem, aby je zamknąć.
f) Obroty przełożyć na przygotowaną blachę do pieczenia.
g) Wierzch placków posmaruj roztrzepanym jajkiem.
h) Piec w nagrzanym piekarniku przez 20-25 minut lub do momentu, aż placki staną się złotobrązowe i puszyste.
i) Przed posypaniem cukrem pudrem orzeszki powinny lekko ostygnąć.
j) Podawaj na ciepło i ciesz się smakiem!

8.Obroty morelowe

SKŁADNIKI:

- 1 szklanka konfitury morelowej
- 1/4 szklanki posiekanych migdałów
- 1 opakowanie ciasta francuskiego, rozmrożonego
- 1 jajko, ubite

INSTRUKCJE:

a) Rozgrzej piekarnik do 375°F (190°C).
b) Ciasto francuskie rozwałkować i pokroić w kwadraty.
c) Na każdy kwadrat nałóż łyżkę konfitury morelowej.
d) Posyp konfiturą posiekanymi migdałami.
e) Z ciasta składamy nadzienie, tworząc trójkąty, a brzegi sklejamy widelcem.
f) Posmaruj placki roztrzepanym jajkiem.
g) Ułożyć na blasze wyłożonej papierem do pieczenia i piec przez 20-25 minut lub do złotego koloru.
h) Przed podaniem lekko ostudź.

9. Obroty Cran-Apple Tamale

SKŁADNIKI:
- 1 szklanka świeżej żurawiny
- 2 jabłka, obrane, wydrążone i pokrojone w kostkę
- 1/4 szklanki cukru
- 1/2 łyżeczki mielonego cynamonu
- 1 opakowanie ciasta francuskiego, rozmrożonego
- 1 jajko, ubite

INSTRUKCJE:
a) Rozgrzej piekarnik do 375°F (190°C).
b) W rondelku wymieszaj żurawinę, pokrojone w kostkę jabłka, cukier i cynamon. Gotuj na średnim ogniu, aż żurawina pęknie, a mieszanina zgęstnieje.
c) Ciasto francuskie rozwałkować i pokroić w kwadraty.
d) Na każdy kwadrat nałóż łyżkę mieszanki żurawinowo-jabłkowej.
e) Z ciasta składamy nadzienie, tworząc trójkąty, a brzegi sklejamy widelcem.
f) Posmaruj placki roztrzepanym jajkiem.
g) Ułożyć na blasze wyłożonej papierem do pieczenia i piec przez 20-25 minut lub do złotego koloru.
h) Przed podaniem lekko ostudź.

10. Obroty żurawinowe z polewą klonową

SKŁADNIKI:
- 1 szklanka sosu żurawinowego
- 1 opakowanie ciasta francuskiego, rozmrożonego
- 1 jajko, ubite
- 1/2 szklanki cukru pudru
- 2 łyżki syropu klonowego

INSTRUKCJE:
a) Rozgrzej piekarnik do 375°F (190°C).
b) Ciasto francuskie rozwałkować i pokroić w kwadraty.
c) Na każdy kwadrat nałóż łyżkę sosu żurawinowego.
d) Z ciasta składamy nadzienie, tworząc trójkąty, a brzegi sklejamy widelcem.
e) Posmaruj placki roztrzepanym jajkiem.
f) Ułożyć na blasze wyłożonej papierem do pieczenia i piec przez 20-25 minut lub do złotego koloru.
g) W małej misce wymieszaj cukier puder i syrop klonowy, aby przygotować lukier.
h) Przed podaniem polej glazurą placki.

11.Obrót ananasem

SKŁADNIKI:

- 1 szklanka zmiażdżonego ananasa, odsączonego
- 1/4 szklanki cukru
- 1 łyżka skrobi kukurydzianej
- 1 opakowanie ciasta francuskiego, rozmrożonego
- 1 jajko, ubite

INSTRUKCJE:

a) Rozgrzej piekarnik do 375°F (190°C).
b) W rondlu wymieszaj pokruszony ananas, cukier i skrobię kukurydzianą. Gotuj na średnim ogniu, aż zgęstnieje.
c) Ciasto francuskie rozwałkować i pokroić w kwadraty.
d) Na każdy kwadrat nałóż łyżkę masy ananasowej.
e) Z ciasta składamy nadzienie, tworząc trójkąty, a brzegi sklejamy widelcem.
f) Posmaruj placki roztrzepanym jajkiem.
g) Ułożyć na blasze wyłożonej papierem do pieczenia i piec przez 20-25 minut lub do złotego koloru.
h) Przed podaniem lekko ostudź.

12. Mieszane obroty jagodowe z Sabayonem

SKŁADNIKI:
- 1 szklanka mieszanych jagód (takich jak truskawki, jagody, maliny)
- 1/4 szklanki cukru
- 1 łyżka skrobi kukurydzianej
- 1 łyżeczka soku z cytryny
- 1 opakowanie ciasta francuskiego, rozmrożonego
- 1 jajko, ubite
- 1/2 szklanki cukru
- 4 żółtka
- 1/2 szklanki wytrawnego białego wina
- 1 łyżeczka ekstraktu waniliowego
- 1/2 łyżeczki mielonego cynamonu

INSTRUKCJE:
a) Rozgrzej piekarnik do 375°F (190°C).
b) W rondlu wymieszaj mieszane jagody, cukier, skrobię kukurydzianą i sok z cytryny. Gotuj na średnim ogniu, aż zgęstnieje.
c) Ciasto francuskie rozwałkować i pokroić w kwadraty.
d) Na każdy kwadrat nałóż łyżkę mieszanki jagodowej.
e) Z ciasta składamy nadzienie, tworząc trójkąty, a brzegi sklejamy widelcem.
f) Posmaruj placki roztrzepanym jajkiem.
g) Ułożyć na blasze wyłożonej papierem do pieczenia i piec przez 20-25 minut lub do złotego koloru.
h) Na sabayon: W żaroodpornej misce wymieszaj cukier, żółtka, białe wino, ekstrakt waniliowy i mielony cynamon.
i) Miskę postaw na garnku z gotującą się wodą (podwójny bojler) i cały czas mieszaj, aż masa zgęstnieje i potroi swoją objętość.
j) Podawaj ciepłe placki z odrobiną cynamonowo-waniliowego sabayonu.

13.Obroty brzoskwiniowo-migdałowe

SKŁADNIKI:
- 2 brzoskwinie, obrane, wypestkowane i pokrojone w kostkę
- 1/4 szklanki cukru
- 1/4 łyżeczki ekstraktu migdałowego
- 1 opakowanie ciasta francuskiego, rozmrożonego
- 1 jajko, ubite
- 1/4 szklanki posiekanych migdałów

INSTRUKCJE:
a) Rozgrzej piekarnik do 375°F (190°C).
b) W misce wymieszaj pokrojone w kostkę brzoskwinie, cukier i ekstrakt migdałowy.
c) Ciasto francuskie rozwałkować i pokroić w kwadraty.
d) Na każdy kwadrat nałóż łyżkę mieszanki brzoskwiniowej.
e) Nadzienie posypujemy pokrojonymi w plasterki migdałami.
f) Z ciasta składamy nadzienie, tworząc trójkąty, a brzegi sklejamy widelcem.
g) Posmaruj placki roztrzepanym jajkiem.
h) Ułożyć na blasze wyłożonej papierem do pieczenia i piec przez 20-25 minut lub do złotego koloru.
i) Przed podaniem lekko ostudź.

14. Obrót gruszkami i imbirem

SKŁADNIKI:
- 2 gruszki, obrane, pozbawione gniazd nasiennych i pokrojone w kostkę
- 2 łyżki krystalizowanego imbiru, drobno posiekanego
- 2 łyżki cukru
- 1/2 łyżeczki mielonego cynamonu
- 1 opakowanie ciasta francuskiego, rozmrożonego
- 1 jajko, ubite

INSTRUKCJE:
a) Rozgrzej piekarnik do 375°F (190°C).
b) W misce wymieszaj pokrojone w kostkę gruszki, krystalizowany imbir, cukier i cynamon.
c) Ciasto francuskie rozwałkować i pokroić w kwadraty.
d) Na każdy kwadrat nałóż łyżkę masy gruszkowo-imbirowej.
e) Z ciasta składamy nadzienie, tworząc trójkąty, a brzegi sklejamy widelcem.
f) Posmaruj placki roztrzepanym jajkiem.
g) Ułożyć na blasze wyłożonej papierem do pieczenia i piec przez 20-25 minut lub do złotego koloru.
h) Przed podaniem lekko ostudź.

15. Malinowe obroty

SKŁADNIKI:
- 1 szklanka świeżych malin
- 2 łyżki cukru
- 1 łyżka skrobi kukurydzianej
- 1 opakowanie ciasta francuskiego, rozmrożonego
- 1 jajko, ubite

INSTRUKCJE:
a) Rozgrzej piekarnik do 375°F (190°C).
b) W misce wymieszaj świeże maliny, cukier i skrobię kukurydzianą.
c) Ciasto francuskie rozwałkować i pokroić w kwadraty.
d) Na każdy kwadrat nałóż łyżkę masy malinowej.
e) Z ciasta składamy nadzienie, tworząc trójkąty, a brzegi sklejamy widelcem.
f) Posmaruj placki roztrzepanym jajkiem.
g) Ułożyć na blasze wyłożonej papierem do pieczenia i piec przez 20-25 minut lub do złotego koloru.
h) Przed podaniem lekko ostudź.

16. Obrót brzoskwiniami i śmietaną

SKŁADNIKI:

- 2 brzoskwinie, obrane, wypestkowane i pokrojone w kostkę
- 2 łyżki cukru
- 4 uncje serka śmietankowego, zmiękczonego
- 1 opakowanie ciasta francuskiego, rozmrożonego
- 1 jajko, ubite

INSTRUKCJE:

a) Rozgrzej piekarnik do 375°F (190°C).
b) W misce wymieszaj pokrojone w kostkę brzoskwinie i cukier.
c) Ciasto francuskie rozwałkować i pokroić w kwadraty.
d) Na każdy kwadrat nałóż łyżkę miękkiego serka śmietankowego.
e) Połóż łyżkę mieszanki brzoskwiniowej na wierzchu serka śmietankowego.
f) Z ciasta składamy nadzienie, tworząc trójkąty, a brzegi sklejamy widelcem.
g) Posmaruj placki roztrzepanym jajkiem.
h) Ułożyć na blasze wyłożonej papierem do pieczenia i piec przez 20-25 minut lub do złotego koloru.
i) Przed podaniem lekko ostudź.

OBROTY KAWĄ

17.Obroty Cappuccino

SKŁADNIKI:
- 1 opakowanie arkuszy ciasta francuskiego (rozmrożone)
- ¼ szklanki granulatu kawy rozpuszczalnej
- ¼ szklanki gorącej wody
- ¼ szklanki granulowanego cukru
- 1 szklanka gęstej śmietanki
- ½ szklanki kawałków czekolady
- 1 jajko (do posmarowania jajka)
- Cukier puder (do posypania)

INSTRUKCJE:
a) Rozgrzej piekarnik do 190°C i wyłóż blachę do pieczenia papierem pergaminowym.
b) Rozpuść granulki kawy rozpuszczalnej w gorącej wodzie i pozostaw do ostygnięcia.
c) W osobnej misce ubij śmietankę i cukier granulowany, aż powstanie sztywna piana.
d) Do ubitej śmietanki dodajemy mieszankę kawową i mieszamy aż składniki dobrze się połączą.
e) Ciasto francuskie rozwałkowujemy i kroimy na kwadraty lub prostokąty.
f) Na połówkę każdego kwadratu ciasta nałóż łyżkę bitej śmietanki kawowej i posyp kawałkami czekolady.
g) Zawiń ciasto i sklej brzegi, dociskając widelcem.
h) Posmaruj placki roztrzepanym jajkiem i piecz przez około 15-20 minut lub do złotego koloru.
i) Przed podaniem posypujemy cukrem pudrem.

18.Obroty kawowo-czekoladowe

SKŁADNIKI:
- 1/2 szklanki mocnej, parzonej kawy, ostudzonej
- 1/2 szklanki kawałków czekolady
- 1/4 szklanki cukru
- 1 łyżeczka ekstraktu waniliowego
- 1 opakowanie ciasta francuskiego, rozmrożonego
- 1 jajko, ubite

INSTRUKCJE:
a) Rozgrzej piekarnik do 375°F (190°C).
b) W misce wymieszaj schłodzoną zaparzoną kawę, kawałki czekolady, cukier i ekstrakt waniliowy.
c) Ciasto francuskie rozwałkować i pokroić w kwadraty.
d) Na każdy kwadrat nałóż łyżkę mieszanki kawowo-czekoladowej.
e) Z ciasta składamy nadzienie, tworząc trójkąty, a brzegi sklejamy widelcem.
f) Posmaruj placki roztrzepanym jajkiem.
g) Ułożyć na blasze wyłożonej papierem do pieczenia i piec przez 20-25 minut lub do złotego koloru.
h) Przed podaniem lekko ostudź.

19.Obroty kawowo-migdałowe

SKŁADNIKI:
- 1/2 szklanki mocnej, parzonej kawy, ostudzonej
- 1/2 szklanki pasty migdałowej
- 1/4 szklanki cukru
- 1 łyżeczka ekstraktu migdałowego
- 1 opakowanie ciasta francuskiego, rozmrożonego
- 1 jajko, ubite

INSTRUKCJE:
a) Rozgrzej piekarnik do 375°F (190°C).
b) W misce wymieszaj schłodzoną zaparzoną kawę, pastę migdałową, cukier i ekstrakt migdałowy.
c) Ciasto francuskie rozwałkować i pokroić w kwadraty.
d) Na każdy kwadrat nałóż łyżkę mieszanki kawowo-migdałowej.
e) Z ciasta składamy nadzienie, tworząc trójkąty, a brzegi sklejamy widelcem.
f) Posmaruj placki roztrzepanym jajkiem.
g) Ułożyć na blasze wyłożonej papierem do pieczenia i piec przez 20-25 minut lub do złotego koloru.
h) Przed podaniem lekko ostudź.

20.Obroty kawowo-karmelowe

SKŁADNIKI:
- 1/2 szklanki mocnej, parzonej kawy, ostudzonej
- 1/4 szklanki sosu karmelowego
- 1/4 szklanki cukru
- 1 łyżeczka ekstraktu waniliowego
- 1 opakowanie ciasta francuskiego, rozmrożonego
- 1 jajko, ubite

INSTRUKCJE:
a) Rozgrzej piekarnik do 375°F (190°C).
b) W misce wymieszaj schłodzoną zaparzoną kawę, sos karmelowy, cukier i ekstrakt waniliowy.
c) Ciasto francuskie rozwałkować i pokroić w kwadraty.
d) Na każdy kwadrat nałóż łyżkę mieszanki kawowo-karmelowej.
e) Z ciasta składamy nadzienie, tworząc trójkąty, a brzegi sklejamy widelcem.
f) Posmaruj placki roztrzepanym jajkiem.
g) Ułożyć na blasze wyłożonej papierem do pieczenia i piec przez 20-25 minut lub do złotego koloru.
h) Przed podaniem lekko ostudź.

21.Obroty serka śmietankowego espresso

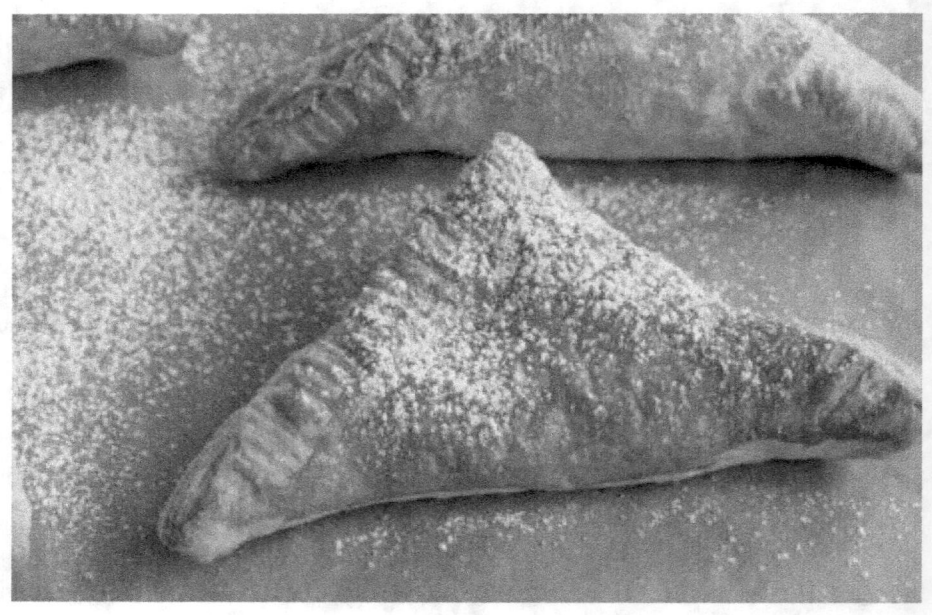

SKŁADNIKI:
- 1/4 filiżanki espresso lub mocnej kawy parzonej, ostudzonej
- 4 uncje serka śmietankowego, zmiękczonego
- 1/4 szklanki cukru pudru
- 1 łyżeczka ekstraktu waniliowego
- 1 opakowanie ciasta francuskiego, rozmrożonego
- 1 jajko, ubite

INSTRUKCJE:
a) Rozgrzej piekarnik do 375°F (190°C).
b) W misce wymieszaj schłodzone espresso lub kawę, miękki serek śmietankowy, cukier puder i ekstrakt waniliowy na gładką masę.
c) Ciasto francuskie rozwałkować i pokroić w kwadraty.
d) Na każdy kwadrat nałóż łyżkę mieszanki serka śmietankowego espresso.
e) Z ciasta składamy nadzienie, tworząc trójkąty, a brzegi sklejamy widelcem.
f) Posmaruj placki roztrzepanym jajkiem.
g) Ułożyć na blasze wyłożonej papierem do pieczenia i piec przez 20-25 minut lub do złotego koloru.
h) Przed podaniem lekko ostudź.

22.Obrót orzechem kawowym

SKŁADNIKI:
- 1/2 szklanki mocnej, parzonej kawy, ostudzonej
- 1/2 szklanki posiekanych orzechów włoskich
- 1/4 szklanki cukru
- 1 łyżeczka ekstraktu waniliowego
- 1 opakowanie ciasta francuskiego, rozmrożonego
- 1 jajko, ubite

INSTRUKCJE:
a) Rozgrzej piekarnik do 375°F (190°C).
b) W misce wymieszaj schłodzoną zaparzoną kawę, posiekane orzechy włoskie, cukier i ekstrakt waniliowy.
c) Ciasto francuskie rozwałkować i pokroić w kwadraty.
d) Na każdy kwadrat nałóż łyżkę mieszanki kawowo-orzechowej.
e) Z ciasta składamy nadzienie, tworząc trójkąty, a brzegi sklejamy widelcem.
f) Posmaruj placki roztrzepanym jajkiem.
g) Ułożyć na blasze wyłożonej papierem do pieczenia i piec przez 20-25 minut lub do złotego koloru.
h) Przed podaniem lekko ostudź.

23.Obroty kremu Mocha

SKŁADNIKI:
- 1/4 szklanki mocnej, parzonej kawy, ostudzonej
- 4 uncje serka śmietankowego, zmiękczonego
- 2 łyżki kakao w proszku
- 1/4 szklanki cukru pudru
- 1 łyżeczka ekstraktu waniliowego
- 1 opakowanie ciasta francuskiego, rozmrożonego
- 1 jajko, ubite

INSTRUKCJE:
a) Rozgrzej piekarnik do 375°F (190°C).
b) W misce wymieszaj schłodzoną parzoną kawę, miękki serek śmietankowy, kakao w proszku, cukier puder i ekstrakt waniliowy na gładką masę.
c) Ciasto francuskie rozwałkować i pokroić w kwadraty.
d) Na każdy kwadrat nałóż łyżkę mieszanki kremu mokka.
e) Z ciasta składamy nadzienie, tworząc trójkąty, a brzegi sklejamy widelcem.
f) Posmaruj placki roztrzepanym jajkiem.
g) Ułożyć na blasze wyłożonej papierem do pieczenia i piec przez 20-25 minut lub do złotego koloru.
h) Przed podaniem lekko ostudź.

24.Obroty orzechów laskowych kawy

SKŁADNIKI:

- 1/2 szklanki mocnej, parzonej kawy, ostudzonej
- 1/2 szklanki posiekanych orzechów laskowych
- 1/4 szklanki cukru
- 1 łyżeczka ekstraktu waniliowego
- 1 opakowanie ciasta francuskiego, rozmrożonego
- 1 jajko, ubite

INSTRUKCJE:

a) Rozgrzej piekarnik do 375°F (190°C).
b) W misce wymieszaj schłodzoną zaparzoną kawę, posiekane orzechy laskowe, cukier i ekstrakt waniliowy.
c) Ciasto francuskie rozwałkować i pokroić w kwadraty.
d) Na każdy kwadrat nałóż łyżkę mieszanki kawowo-orzechowej.
e) Z ciasta składamy nadzienie, tworząc trójkąty, a brzegi sklejamy widelcem.
f) Posmaruj placki roztrzepanym jajkiem.
g) Ułożyć na blasze wyłożonej papierem do pieczenia i piec przez 20-25 minut lub do złotego koloru.
h) Przed podaniem lekko ostudź.

25.Obroty kawowo-wiśniowe

SKŁADNIKI:
- 1/2 szklanki mocnej, parzonej kawy, ostudzonej
- 1/2 szklanki posiekanych suszonych wiśni
- 1/4 szklanki cukru
- 1 łyżeczka ekstraktu waniliowego
- 1 opakowanie ciasta francuskiego, rozmrożonego
- 1 jajko, ubite

INSTRUKCJE:
a) Rozgrzej piekarnik do 375°F (190°C).
b) W misce wymieszaj schłodzoną zaparzoną kawę, posiekane suszone wiśnie, cukier i ekstrakt waniliowy.
c) Ciasto francuskie rozwałkować i pokroić w kwadraty.
d) Na każdy kwadrat nałóż łyżkę mieszanki kawowo-wiśniowej.
e) Z ciasta składamy nadzienie, tworząc trójkąty, a brzegi sklejamy widelcem.
f) Posmaruj placki roztrzepanym jajkiem.
g) Ułożyć na blasze wyłożonej papierem do pieczenia i piec przez 20-25 minut lub do złotego koloru.
h) Przed podaniem lekko ostudź.

OBROTY DROBIU

26. Obroty z Kurczakiem Curry

SKŁADNIKI:
- 1 szklanka drobno posiekanego gotowanego kurczaka
- 1 średnie jabłko, obrane i drobno posiekane
- 1/2 szklanki majonezu
- 1/4 szklanki posiekanych orzechów nerkowca lub orzeszków ziemnych
- 1 zielona cebula, drobno posiekana
- 1 do 2 łyżeczek curry w proszku
- 1/4 łyżeczki soli
- 1/4 łyżeczki pieprzu
- Ciasto na ciasto dwuwarstwowe
- 1 duże jajko, lekko ubite

INSTRUKCJE:
a) Rozgrzej piekarnik do 425°. Wymieszaj początkowe 8 składników w małej misce. Ciasto podzielić na osiem części.
b) Rozwałkuj każdą część na lekko posypanej mąką powierzchni na 5-calową rundę. Na jedną stronę nałóż około ćwierć szklanki nadzienia. Zwilż krawędzie ciasta wodą. Złożyć ciasto na nadzienie; za pomocą widelca dociśnij krawędzie do zabezpieczenia.
c) Ułożyć na natłuszczonych blachach do pieczenia. Posmaruj jajkiem. Na każdym z nich wytnij półcalowe nacięcia.
d) Piec na złoty kolor, około 15 do 20 minut.

27.Curry Obroty z indyka

SKŁADNIKI:
- 2 szklanki gotowanego indyka, pokrojonego w kostkę
- 1 łyżka curry w proszku
- 1/4 szklanki posiekanej cebuli
- 1/4 szklanki posiekanej papryki
- 1/4 szklanki posiekanego selera
- 1/4 szklanki majonezu
- 1 łyżka soku z cytryny
- Sól i pieprz do smaku
- 1 opakowanie ciasta francuskiego, rozmrożonego
- 1 jajko, ubite

INSTRUKCJE:
a) Rozgrzej piekarnik do 375°F (190°C).
b) W misce wymieszaj pokrojonego w kostkę indyka, curry, posiekaną cebulę, paprykę, seler, majonez, sok z cytryny, sól i pieprz.
c) Ciasto francuskie rozwałkować i pokroić w kwadraty.
d) Na każdy kwadrat nałóż łyżkę mieszanki curry z indykiem.
e) Z ciasta składamy nadzienie, tworząc trójkąty, a brzegi sklejamy widelcem.
f) Posmaruj placki roztrzepanym jajkiem.
g) Ułożyć na blasze wyłożonej papierem do pieczenia i piec przez 20-25 minut lub do złotego koloru.
h) Przed podaniem lekko ostudź.

28.Obroty Curry z Wędzonym Kurczakiem

SKŁADNIKI:
- 2 szklanki wędzonego kurczaka, pokrojonego w kostkę
- 1 łyżka curry w proszku
- 1/4 szklanki posiekanej cebuli
- 1/4 szklanki posiekanej papryki
- 1/4 szklanki posiekanego selera
- 1/4 szklanki majonezu
- 1 łyżka soku z cytryny
- Sól i pieprz do smaku
- 1 opakowanie ciasta francuskiego, rozmrożonego
- 1 jajko, ubite

INSTRUKCJE:
a) Rozgrzej piekarnik do 375°F (190°C).
b) W misce wymieszaj pokrojonego w kostkę wędzonego kurczaka, curry, posiekaną cebulę, paprykę, seler, majonez, sok z cytryny, sól i pieprz.
c) Ciasto francuskie rozwałkować i pokroić w kwadraty.
d) Na każdy kwadrat nałóż łyżkę mieszanki curry z wędzonym kurczakiem.
e) Z ciasta składamy nadzienie, tworząc trójkąty, a brzegi sklejamy widelcem.
f) Posmaruj placki roztrzepanym jajkiem.
g) Ułożyć na blasze wyłożonej papierem do pieczenia i piec przez 20-25 minut lub do złotego koloru.
h) Przed podaniem lekko ostudź.

29.Obroty z kurczaka z szynką i serem

SKŁADNIKI:

- 2 szklanki gotowanego kurczaka, pokrojonego w kostkę
- 1/2 szklanki szynki pokrojonej w kostkę
- 1/2 szklanki startego sera Cheddar
- 1/4 szklanki majonezu
- 1 łyżka musztardy Dijon
- 1 łyżeczka suszonego tymianku
- Sól i pieprz do smaku
- 1 opakowanie ciasta francuskiego, rozmrożonego
- 1 jajko, ubite

INSTRUKCJE:

a) Rozgrzej piekarnik do 375°F (190°C).
b) W misce wymieszaj pokrojonego w kostkę kurczaka, pokrojoną w kostkę szynkę, tarty ser cheddar, majonez, musztardę Dijon, suszony tymianek, sól i pieprz.
c) Ciasto francuskie rozwałkować i pokroić w kwadraty.
d) Na każdy kwadrat nałóż łyżkę mieszanki kurczaka z szynką i serem.
e) Z ciasta składamy nadzienie, tworząc trójkąty, a brzegi sklejamy widelcem.
f) Posmaruj placki roztrzepanym jajkiem.
g) Ułożyć na blasze wyłożonej papierem do pieczenia i piec przez 20-25 minut lub do złotego koloru.
h) Przed podaniem lekko ostudź.

30. Obroty z kurczaka w salsie

SKŁADNIKI:
- 2 szklanki gotowanego kurczaka, posiekanego
- 1/2 szklanki salsy
- 1/4 szklanki kwaśnej śmietany
- 1/4 szklanki startego sera Cheddar
- 1 opakowanie ciasta francuskiego, rozmrożonego
- 1 jajko, ubite

INSTRUKCJE:
a) Rozgrzej piekarnik do 375°F (190°C).
b) W misce wymieszaj posiekanego kurczaka, salsę, kwaśną śmietanę i pokruszony ser cheddar.
c) Ciasto francuskie rozwałkować i pokroić w kwadraty.
d) Na każdy kwadrat nałóż łyżkę mieszanki salsy z kurczakiem.
e) Z ciasta składamy nadzienie, tworząc trójkąty, a brzegi sklejamy widelcem.
f) Posmaruj placki roztrzepanym jajkiem.
g) Ułożyć na blasze wyłożonej papierem do pieczenia i piec przez 20-25 minut lub do złotego koloru.
h) Przed podaniem lekko ostudź.

31. Obrót Kurczakiem Buffalo

SKŁADNIKI:
- 2 szklanki gotowanego kurczaka, posiekanego
- 1/4 szklanki sosu bawolego
- 2 łyżki sosu ranczo
- 1/4 szklanki pokruszonego sera pleśniowego
- 1 opakowanie ciasta francuskiego, rozmrożonego
- 1 jajko, ubite

INSTRUKCJE:
a) Rozgrzej piekarnik do 375°F (190°C).
b) W misce wymieszaj posiekanego kurczaka, sos bawoly, sos ranczo i pokruszony ser pleśniowy.
c) Ciasto francuskie rozwałkować i pokroić w kwadraty.
d) Na każdy kwadrat nałóż łyżkę mieszanki kurczaka bawolego.
e) Z ciasta składamy nadzienie, tworząc trójkąty, a brzegi sklejamy widelcem.
f) Posmaruj placki roztrzepanym jajkiem.
g) Ułożyć na blasze wyłożonej papierem do pieczenia i piec przez 20-25 minut lub do złotego koloru.
h) Przed podaniem lekko ostudź.

32.Obroty Kurczaka Grzybowego

SKŁADNIKI:

- 2 szklanki gotowanego kurczaka, posiekanego
- 1 szklanka pokrojonych w plasterki grzybów
- 1/4 szklanki posiekanej cebuli
- 1/4 szklanki serka śmietankowego
- Sól i pieprz do smaku
- 1 opakowanie ciasta francuskiego, rozmrożonego
- 1 jajko, ubite

INSTRUKCJE:

a) Rozgrzej piekarnik do 375°F (190°C).
b) Na patelni podsmaż pokrojone w plasterki pieczarki i posiekaną cebulę, aż zmiękną.
c) W misce wymieszaj posiekanego kurczaka, smażone grzyby i cebulę, serek śmietankowy, sól i pieprz.
d) Ciasto francuskie rozwałkować i pokroić w kwadraty.
e) Na każdy kwadrat nałóż łyżkę mieszanki grzybów z kurczakiem.
f) Z ciasta składamy nadzienie, tworząc trójkąty, a brzegi sklejamy widelcem.
g) Posmaruj placki roztrzepanym jajkiem.
h) Ułożyć na blasze wyłożonej papierem do pieczenia i piec przez 20-25 minut lub do złotego koloru.
i) Przed podaniem lekko ostudź.

33.Obroty ze szpinakiem i kurczakiem feta

SKŁADNIKI:

- 2 szklanki gotowanego kurczaka, posiekanego
- 1 szklanka posiekanego szpinaku, ugotowanego i odsączonego
- 1/4 szklanki pokruszonego sera feta
- 1/4 szklanki pokrojonych w kostkę suszonych pomidorów
- Sól i pieprz do smaku
- 1 opakowanie ciasta francuskiego, rozmrożonego
- 1 jajko, ubite

INSTRUKCJE:

a) Rozgrzej piekarnik do 375°F (190°C).
b) W misce wymieszaj rozdrobnionego kurczaka, posiekany szpinak, pokruszony ser feta, pokrojone w kostkę suszone pomidory, sól i pieprz.
c) Ciasto francuskie rozwałkować i pokroić w kwadraty.
d) Na każdy kwadrat nałóż łyżkę mieszanki szpinaku i kurczaka feta.
e) Z ciasta składamy nadzienie, tworząc trójkąty, a brzegi sklejamy widelcem.
f) Posmaruj placki roztrzepanym jajkiem.
g) Ułożyć na blasze wyłożonej papierem do pieczenia i piec przez 20-25 minut lub do złotego koloru.
h) Przed podaniem lekko ostudź.

34.Obroty z kurczaka z grilla

SKŁADNIKI:
- 2 szklanki gotowanego kurczaka, posiekanego
- 1/2 szklanki sosu barbecue
- 1/4 szklanki pokrojonej w kostkę czerwonej cebuli
- 1/4 szklanki startego sera mozzarella
- Sól i pieprz do smaku
- 1 opakowanie ciasta francuskiego, rozmrożonego
- 1 jajko, ubite

INSTRUKCJE:
a) Rozgrzej piekarnik do 375°F (190°C).
b) W misce wymieszaj posiekanego kurczaka, sos barbecue, pokrojoną w kostkę czerwoną cebulę, posiekany ser mozzarella, sól i pieprz.
c) Ciasto francuskie rozwałkować i pokroić w kwadraty.
d) Na każdy kwadrat nałóż łyżkę mieszanki kurczaka z grilla.
e) Z ciasta składamy nadzienie, tworząc trójkąty, a brzegi sklejamy widelcem.
f) Posmaruj placki roztrzepanym jajkiem.
g) Ułożyć na blasze wyłożonej papierem do pieczenia i piec przez 20-25 minut lub do złotego koloru.
h) Przed podaniem lekko ostudź.

35.Obrót Kurczakiem Caprese

SKŁADNIKI:
- 2 szklanki gotowanego kurczaka, posiekanego
- 1 szklanka pokrojonych w kostkę pomidorów
- 1/4 szklanki posiekanej świeżej bazylii
- 1/4 szklanki startego sera mozzarella
- Sól i pieprz do smaku
- 1 opakowanie ciasta francuskiego, rozmrożonego
- 1 jajko, ubite

INSTRUKCJE:
a) Rozgrzej piekarnik do 375°F (190°C).
b) W misce wymieszaj posiekanego kurczaka, pokrojone w kostkę pomidory, posiekaną świeżą bazylię, posiekany ser mozzarella, sól i pieprz.
c) Ciasto francuskie rozwałkować i pokroić w kwadraty.
d) Na każdy kwadrat nałóż łyżkę mieszanki z kurczakiem Caprese.
e) Z ciasta składamy nadzienie, tworząc trójkąty, a brzegi sklejamy widelcem.
f) Posmaruj placki roztrzepanym jajkiem.
g) Ułożyć na blasze wyłożonej papierem do pieczenia i piec przez 20-25 minut lub do złotego koloru.
h) Przed podaniem lekko ostudź.

36.Greckie Obroty Kurczaków

SKŁADNIKI:
- 2 szklanki gotowanego kurczaka, posiekanego
- 1/2 szklanki pokrojonego w kostkę ogórka
- 1/4 szklanki pokrojonej w kostkę czerwonej cebuli
- 1/4 szklanki pokruszonego sera feta
- 1 łyżka posiekanego świeżego koperku
- Sól i pieprz do smaku
- 1 opakowanie ciasta francuskiego, rozmrożonego
- 1 jajko, ubite

INSTRUKCJE:
a) Rozgrzej piekarnik do 375°F (190°C).
b) W misce wymieszaj posiekanego kurczaka, pokrojony w kostkę ogórek, pokrojoną w kostkę czerwoną cebulę, pokruszony ser feta, posiekany świeży koperek, sól i pieprz.
c) Ciasto francuskie rozwałkować i pokroić w kwadraty.
d) Na każdy kwadrat nałóż łyżkę greckiej mieszanki z kurczakiem.
e) Z ciasta składamy nadzienie, tworząc trójkąty, a brzegi sklejamy widelcem.
f) Posmaruj placki roztrzepanym jajkiem.
g) Ułożyć na blasze wyłożonej papierem do pieczenia i piec przez 20-25 minut lub do złotego koloru.
h) Przed podaniem lekko ostudź.

37.Obroty Kurczaka Pesto

SKŁADNIKI:
- 2 szklanki gotowanego kurczaka, posiekanego
- 1/4 szklanki sosu pesto
- 1/4 szklanki pokrojonych w kostkę suszonych pomidorów
- 1/4 szklanki startego parmezanu
- Sól i pieprz do smaku
- 1 opakowanie ciasta francuskiego, rozmrożonego
- 1 jajko, ubite

INSTRUKCJE:
a) Rozgrzej piekarnik do 375°F (190°C).
b) W misce wymieszaj rozdrobnionego kurczaka, sos pesto, pokrojone w kostkę suszone pomidory, posiekany parmezan, sól i pieprz.
c) Ciasto francuskie rozwałkować i pokroić w kwadraty.
d) Na każdy kwadrat nałóż łyżkę mieszanki pesto z kurczakiem.
e) Z ciasta składamy nadzienie, tworząc trójkąty, a brzegi sklejamy widelcem.
f) Posmaruj placki roztrzepanym jajkiem.
g) Ułożyć na blasze wyłożonej papierem do pieczenia i piec przez 20-25 minut lub do złotego koloru.
h) Przed podaniem lekko ostudź.

38. Obroty z kurczaka Cajun

SKŁADNIKI:
- 2 szklanki gotowanego kurczaka, posiekanego
- 1/4 szklanki pokrojonej w kostkę papryki
- 1/4 szklanki pokrojonej w kostkę cebuli
- 1/4 szklanki pokrojonego w kostkę selera
- 1 łyżka przyprawy Cajun
- 1/4 szklanki majonezu
- Sól i pieprz do smaku
- 1 opakowanie ciasta francuskiego, rozmrożonego
- 1 jajko, ubite

INSTRUKCJE:
a) Rozgrzej piekarnik do 375°F (190°C).
b) W misce wymieszaj rozdrobnionego kurczaka, pokrojoną w kostkę paprykę, pokrojoną w kostkę cebulę, pokrojony w kostkę seler, przyprawę Cajun, majonez, sól i pieprz.
c) Ciasto francuskie rozwałkować i pokroić w kwadraty.
d) Na każdym kwadracie umieść łyżkę mieszanki kurczaka Cajun.
e) Z ciasta składamy nadzienie, tworząc trójkąty, a brzegi sklejamy widelcem.
f) Posmaruj placki roztrzepanym jajkiem.
g) Ułożyć na blasze wyłożonej papierem do pieczenia i piec przez 20-25 minut lub do złotego koloru.
h) Przed podaniem lekko ostudź.

39. Obroty z kurczaka po florencku

SKŁADNIKI:
- 2 szklanki gotowanego kurczaka, posiekanego
- 1 szklanka posiekanego szpinaku, ugotowanego i odsączonego
- 1/4 szklanki sera ricotta
- 1/4 szklanki startego sera mozzarella
- 1/4 szklanki startego parmezanu
- Sól i pieprz do smaku
- 1 opakowanie ciasta francuskiego, rozmrożonego
- 1 jajko, ubite

INSTRUKCJE:
a) Rozgrzej piekarnik do 375°F (190°C).
b) W misce wymieszaj posiekanego kurczaka, posiekany szpinak, ser ricotta, posiekany ser mozzarella, tarty parmezan, sól i pieprz.
c) Ciasto francuskie rozwałkować i pokroić w kwadraty.
d) Na każdy kwadrat nałóż łyżkę mieszanki florenckiej z kurczakiem.
e) Z ciasta składamy nadzienie, tworząc trójkąty, a brzegi sklejamy widelcem.
f) Posmaruj placki roztrzepanym jajkiem.
g) Ułożyć na blasze wyłożonej papierem do pieczenia i piec przez 20-25 minut lub do złotego koloru.
h) Przed podaniem lekko ostudź.

40.Pesto z kurczaka i suszone pomidory

SKŁADNIKI:
- 2 szklanki gotowanego kurczaka, posiekanego
- 1/4 szklanki sosu pesto
- 1/4 szklanki posiekanych suszonych pomidorów
- 1/4 szklanki startego sera mozzarella
- Sól i pieprz do smaku
- 1 opakowanie ciasta francuskiego, rozmrożonego
- 1 jajko, ubite

INSTRUKCJE:
a) Rozgrzej piekarnik do 375°F (190°C).
b) W misce wymieszaj rozdrobnionego kurczaka, sos pesto, posiekane suszone pomidory, posiekany ser mozzarella, sól i pieprz.
c) Ciasto francuskie rozwałkować i pokroić w kwadraty.
d) Na każdy kwadrat nałóż łyżkę mieszanki pesto z kurczaka.
e) Z ciasta składamy nadzienie, tworząc trójkąty, a brzegi sklejamy widelcem.
f) Posmaruj placki roztrzepanym jajkiem.
g) Ułożyć na blasze wyłożonej papierem do pieczenia i piec przez 20-25 minut lub do złotego koloru.
h) Przed podaniem lekko ostudź.

41. Obroty z kurczakiem i grzybami w sosie śmietanowym czosnkowym

SKŁADNIKI:
- 2 szklanki gotowanego kurczaka, posiekanego
- 1 szklanka pokrojonych w plasterki grzybów
- 2 ząbki czosnku, posiekane
- 1/4 szklanki gęstej śmietanki
- Sól i pieprz do smaku
- 1 opakowanie ciasta francuskiego, rozmrożonego
- 1 jajko, ubite

INSTRUKCJE:
a) Rozgrzej piekarnik do 375°F (190°C).
b) Na patelni podsmaż pokrojone w plasterki grzyby i posiekany czosnek, aż grzyby staną się złotobrązowe i miękkie.
c) Dodaj posiekanego kurczaka na patelnię i smaż, aż się rozgrzeje. Dodajemy gęstą śmietanę i gotujemy, aż lekko zgęstnieje. Dopraw solą i pieprzem do smaku.
d) Ciasto francuskie rozwałkować i pokroić w kwadraty.
e) Na każdy kwadrat nałóż łyżkę mieszanki kurczaka i grzybów.
f) Z ciasta składamy nadzienie, tworząc trójkąty, a brzegi sklejamy widelcem.
g) Posmaruj placki roztrzepanym jajkiem.
h) Ułożyć na blasze wyłożonej papierem do pieczenia i piec przez 20-25 minut lub do złotego koloru.
i) Przed podaniem lekko ostudź.

OBRÓT WOŁOWINY I JAGNIĘCINY

42. Obroty Cheeseburgerami

SKŁADNIKI:
- 1 funt mielonej wołowiny
- 1/2 szklanki pokrojonej w kostkę cebuli
- 1/2 szklanki pokrojonych w kostkę pomidorów
- 1/2 szklanki startego sera Cheddar
- 2 łyżki ketchupu
- 1 łyżka musztardy
- Sól i pieprz do smaku
- 1 opakowanie ciasta francuskiego, rozmrożonego
- 1 jajko, ubite

INSTRUKCJE:
a) Rozgrzej piekarnik do 375°F (190°C).
b) Na patelni podsmaż mieloną wołowinę i pokrojoną w kostkę cebulę, aż wołowina się zrumieni, a cebula zmięknie. Odsączyć nadmiar tłuszczu.
c) Wymieszać z pokrojonymi w kostkę pomidorami, startym serem cheddar, ketchupem, musztardą, solą i pieprzem.
d) Ciasto francuskie rozwałkować i pokroić w kwadraty.
e) Na każdy kwadrat nałóż łyżkę mieszanki cheeseburgerowej.
f) Z ciasta składamy nadzienie, tworząc trójkąty, a brzegi sklejamy widelcem.
g) Posmaruj placki roztrzepanym jajkiem.
h) Ułożyć na blasze wyłożonej papierem do pieczenia i piec przez 20-25 minut lub do złotego koloru.
i) Przed podaniem lekko ostudź.

43. Obroty łuszczącej się wołowiny

SKŁADNIKI:
- 1 funt polędwicy wołowej, pokrojonej w cienkie plasterki
- 1/2 szklanki pokrojonej w kostkę cebuli
- 1/2 szklanki pokrojonej w kostkę papryki
- 1/2 szklanki pokrojonych w kostkę grzybów
- 2 ząbki czosnku, posiekane
- Sól i pieprz do smaku
- 1 opakowanie ciasta francuskiego, rozmrożonego
- 1 jajko, ubite

INSTRUKCJE:
a) Rozgrzej piekarnik do 375°F (190°C).
b) Na patelni podsmaż polędwicę wołową, pokrojoną w kostkę cebulę, pokrojoną w kostkę paprykę, pokrojone w kostkę grzyby i posiekany czosnek, aż wołowina będzie ugotowana, a warzywa zmiękną. Doprawić solą i pieprzem.
c) Ciasto francuskie rozwałkować i pokroić w kwadraty.
d) Na każdy kwadrat nałóż łyżkę mieszanki wołowej.
e) Z ciasta składamy nadzienie, tworząc trójkąty, a brzegi sklejamy widelcem.
f) Posmaruj placki roztrzepanym jajkiem.
g) Ułożyć na blasze wyłożonej papierem do pieczenia i piec przez 20-25 minut lub do złotego koloru.
h) Przed podaniem lekko ostudź.

44.Obrót mieloną wołowiną

SKŁADNIKI:
- 1 funt mielonej wołowiny
- 1/2 szklanki pokrojonej w kostkę cebuli
- 1/2 szklanki pokrojonej w kostkę marchewki
- 1/2 szklanki pokrojonych w kostkę ziemniaków
- 1/2 szklanki mrożonego groszku
- 1 łyżka sosu Worcestershire
- Sól i pieprz do smaku
- 1 opakowanie ciasta francuskiego, rozmrożonego
- 1 jajko, ubite

INSTRUKCJE:
a) Rozgrzej piekarnik do 375°F (190°C).
b) Na patelni podsmaż mieloną wołowinę i pokrojoną w kostkę cebulę, aż wołowina się zrumieni, a cebula zmięknie. Odsączyć nadmiar tłuszczu.
c) Wymieszaj pokrojoną w kostkę marchewkę, pokrojone w kostkę ziemniaki, mrożony groszek, sos Worcestershire, sól i pieprz. Gotuj, aż warzywa będą miękkie.
d) Ciasto francuskie rozwałkować i pokroić w kwadraty.
e) Na każdy kwadrat nałóż łyżkę mieszanki mielonej wołowiny.
f) Z ciasta składamy nadzienie, tworząc trójkąty, a brzegi sklejamy widelcem.
g) Posmaruj placki roztrzepanym jajkiem.
h) Ułożyć na blasze wyłożonej papierem do pieczenia i piec przez 20-25 minut lub do złotego koloru.
i) Przed podaniem lekko ostudź.

45. Włoskie obroty mięsem

SKŁADNIKI:

- 1/2 funta mielonej wołowiny
- 1/2 funta włoskiej kiełbasy
- 1/2 szklanki sosu marinara
- 1/4 szklanki startego parmezanu
- 1/4 szklanki posiekanej świeżej bazylii
- Sól i pieprz do smaku
- 1 opakowanie ciasta francuskiego, rozmrożonego
- 1 jajko, ubite

INSTRUKCJE:

a) Rozgrzej piekarnik do 375°F (190°C).
b) Na patelni podsmaż mieloną wołowinę i włoską kiełbasę, aż się zrumienią i będą ugotowane. Odsączyć nadmiar tłuszczu.
c) Wymieszaj sos marinara, starty parmezan, posiekaną świeżą bazylię, sól i pieprz.
d) Ciasto francuskie rozwałkować i pokroić w kwadraty.
e) Na każdy kwadrat nałóż łyżkę włoskiej mieszanki mięsnej.
f) Z ciasta składamy nadzienie, tworząc trójkąty, a brzegi sklejamy widelcem.
g) Posmaruj placki roztrzepanym jajkiem.
h) Ułożyć na blasze wyłożonej papierem do pieczenia i piec przez 20-25 minut lub do złotego koloru.
i) Przed podaniem lekko ostudź.

46.Obroty Rubena

SKŁADNIKI:
- 1/2 funta peklowanej wołowiny, pokrojonej w cienkie plasterki
- 1 szklanka kiszonej kapusty, odsączonej
- 1/2 szklanki startego sera szwajcarskiego
- 1/4 szklanki sosu Tysiąca Wysp
- 1 opakowanie ciasta francuskiego, rozmrożonego
- 1 jajko, ubite

INSTRUKCJE:
a) Rozgrzej piekarnik do 375°F (190°C).
b) Ciasto francuskie rozwałkować i pokroić w kwadraty.
c) Na każdym kwadracie połóż plaster peklowanej wołowiny, a następnie łyżkę kiszonej kapusty, posiekany ser szwajcarski i sos Tysiąca Wysp.
d) Z ciasta składamy nadzienie, tworząc trójkąty, a brzegi sklejamy widelcem.
e) Posmaruj placki roztrzepanym jajkiem.
f) Ułożyć na blasze wyłożonej papierem do pieczenia i piec przez 20-25 minut lub do złotego koloru.
g) Przed podaniem lekko ostudź.

47. Miniobroty kiełbasy i ziemniaków

SKŁADNIKI:

- 1/2 funta mielonej kiełbasy
- 1 szklanka pokrojonych w kostkę ziemniaków, ugotowanych
- 1/4 szklanki pokrojonej w kostkę cebuli
- 1/4 szklanki startego sera Cheddar
- Sól i pieprz do smaku
- 1 opakowanie ciasta francuskiego, rozmrożonego
- 1 jajko, ubite

INSTRUKCJE:

a) Rozgrzej piekarnik do 375°F (190°C).
b) Na patelni podsmaż mieloną kiełbasę i pokrojoną w kostkę cebulę, aż kiełbasa się zarumieni, a cebula zmięknie. Odsączyć nadmiar tłuszczu.
c) Wymieszać z pokrojonymi w kostkę ziemniakami, startym serem Cheddar, solą i pieprzem.
d) Ciasto francuskie rozwałkować i pokroić w kwadraty.
e) Na każdy kwadrat nałóż łyżkę mieszanki kiełbasy i ziemniaków.
f) Z ciasta składamy nadzienie, tworząc trójkąty, a brzegi sklejamy widelcem.
g) Posmaruj placki roztrzepanym jajkiem.
h) Ułożyć na blasze wyłożonej papierem do pieczenia i piec przez 20-25 minut lub do złotego koloru.
i) Przed podaniem lekko ostudź.

48. Obrót kiełbasą i grzybami

SKŁADNIKI:

- 1/2 funta mielonej kiełbasy
- 1 szklanka pokrojonych w plasterki grzybów
- 1/4 szklanki pokrojonej w kostkę cebuli
- 1/4 szklanki startego sera mozzarella
- Sól i pieprz do smaku
- 1 opakowanie ciasta francuskiego, rozmrożonego
- 1 jajko, ubite

INSTRUKCJE:

a) Rozgrzej piekarnik do 375°F (190°C).
b) Na patelni podsmaż mieloną kiełbasę, pokrojone w plasterki pieczarki i pokrojoną w kostkę cebulę, aż kiełbasa się zarumieni, a grzyby zmiękną. Odsączyć nadmiar tłuszczu.
c) Wymieszać z pokrojonym serem mozzarella, solą i pieprzem.
d) Ciasto francuskie rozwałkować i pokroić w kwadraty.
e) Na każdy kwadrat nałóż łyżkę mieszanki kiełbasy i grzybów.
f) Z ciasta składamy nadzienie, tworząc trójkąty, a brzegi sklejamy widelcem.
g) Posmaruj placki roztrzepanym jajkiem.
h) Ułożyć na blasze wyłożonej papierem do pieczenia i piec przez 20-25 minut lub do złotego koloru.
i) Przed podaniem lekko ostudź.

49. Obroty z wędzoną szynką i kozim serem

SKŁADNIKI:
- 1/2 funta wędzonej szynki, pokrojonej w cienkie plasterki
- 1/2 szklanki pokruszonego koziego sera
- 1/4 szklanki posiekanej świeżej pietruszki
- Sól i pieprz do smaku
- 1 opakowanie ciasta francuskiego, rozmrożonego
- 1 jajko, ubite

INSTRUKCJE:
a) Rozgrzej piekarnik do 375°F (190°C).
b) Ciasto francuskie rozwałkować i pokroić w kwadraty.
c) Na każdym kwadracie układamy plaster wędzonej szynki, łyżkę pokruszonego sera koziego, posiekaną świeżą natkę pietruszki, sól i pieprz.
d) Z ciasta składamy nadzienie, tworząc trójkąty, a brzegi sklejamy widelcem.
e) Posmaruj placki roztrzepanym jajkiem.
f) Ułożyć na blasze wyłożonej papierem do pieczenia i piec przez 20-25 minut lub do złotego koloru.
g) Przed podaniem lekko ostudź.

50. Obrót wołowiną mongolską

SKŁADNIKI:
- Stek z flanki o wadze 1 funta, pokrojony w cienkie plasterki
- 1/4 szklanki sosu sojowego
- 2 łyżki sosu hoisin
- 2 łyżki brązowego cukru
- 2 ząbki czosnku, posiekane
- 1 łyżka startego imbiru
- 2 zielone cebule, posiekane
- Sól i pieprz do smaku
- 1 opakowanie ciasta francuskiego, rozmrożonego
- 1 jajko, ubite

INSTRUKCJE:
a) Rozgrzej piekarnik do 375°F (190°C).
b) W misce wymieszaj sos sojowy, sos hoisin, brązowy cukier, posiekany czosnek, starty imbir, posiekaną zieloną cebulę, sól i pieprz.
c) Do miski włóż pokrojony w cienkie plasterki stek i marynuj przez 30 minut.
d) Na patelni podsmaż marynowaną wołowinę, aż się zrumieni.
e) Ciasto francuskie rozwałkować i pokroić w kwadraty.
f) Na każdym kwadracie połóż łyżkę ugotowanej mongolskiej wołowiny.
g) Z ciasta składamy nadzienie, tworząc trójkąty, a brzegi sklejamy widelcem.
h) Posmaruj placki roztrzepanym jajkiem.
i) Ułożyć na blasze wyłożonej papierem do pieczenia i piec przez 20-25 minut lub do złotego koloru.
j) Przed podaniem lekko ostudź.

51.Obrót jagnięciną i fetą

SKŁADNIKI:
- 1 funt mielonej jagnięciny
- 1/2 szklanki pokrojonej w kostkę cebuli
- 1/2 szklanki pokrojonych w kostkę pomidorów
- 1/4 szklanki pokruszonego sera feta
- 2 łyżki posiekanej świeżej mięty
- Sól i pieprz do smaku
- 1 opakowanie ciasta francuskiego, rozmrożonego
- 1 jajko, ubite

INSTRUKCJE:
a) Rozgrzej piekarnik do 375°F (190°C).
b) Na patelni podsmaż mieloną jagnięcinę i pokrojoną w kostkę cebulę, aż jagnięcina się zrumieni, a cebula zmięknie. Odsączyć nadmiar tłuszczu.
c) Wymieszać z pokrojonymi w kostkę pomidorami, pokruszonym serem feta, posiekaną świeżą miętą, solą i pieprzem.
d) Ciasto francuskie rozwałkować i pokroić w kwadraty.
e) Na każdy kwadrat nałóż łyżkę mieszanki jagnięciny i fety.
f) Z ciasta składamy nadzienie, tworząc trójkąty, a brzegi sklejamy widelcem.
g) Posmaruj placki roztrzepanym jajkiem.
h) Ułożyć na blasze wyłożonej papierem do pieczenia i piec przez 20-25 minut lub do złotego koloru.
i) Przed podaniem lekko ostudź.

52. Obrót wołowiną i brokułami

SKŁADNIKI:
- 1 funt polędwicy wołowej, pokrojonej w cienkie plasterki
- 2 szklanki różyczek brokułów, blanszowanych
- 1/4 szklanki sosu sojowego
- 2 ząbki czosnku, posiekane
- 1 łyżka startego imbiru
- 2 zielone cebule, posiekane
- Sól i pieprz do smaku
- 1 opakowanie ciasta francuskiego, rozmrożonego
- 1 jajko, ubite

INSTRUKCJE:
a) Rozgrzej piekarnik do 375°F (190°C).
b) W misce wymieszaj sos sojowy, posiekany czosnek, starty imbir, posiekaną zieloną cebulę, sól i pieprz.
c) Do miski dodać pokrojoną w cienkie plasterki polędwicę wołową i marynować przez 30 minut.
d) Na patelni podsmaż marynowaną wołowinę, aż się zrumieni.
e) Ciasto francuskie rozwałkować i pokroić w kwadraty.
f) Na każdym kwadracie połóż kilka blanszowanych różyczek brokułów i łyżkę ugotowanej wołowiny.
g) Z ciasta składamy nadzienie, tworząc trójkąty, a brzegi sklejamy widelcem.
h) Posmaruj placki roztrzepanym jajkiem.
i) Ułożyć na blasze wyłożonej papierem do pieczenia i piec przez 20-25 minut lub do złotego koloru.
j) Przed podaniem lekko ostudź.

53.Pikantne Obroty Jagnięce

SKŁADNIKI:
- 1 funt mielonej jagnięciny
- 1/2 szklanki pokrojonej w kostkę cebuli
- 1/4 szklanki pokrojonej w kostkę papryki
- 2 łyżki koncentratu pomidorowego
- 1 łyżka pasty harissa
- 1 łyżeczka mielonego kminku
- 1 łyżeczka mielonej kolendry
- Sól i pieprz do smaku
- 1 opakowanie ciasta francuskiego, rozmrożonego
- 1 jajko, ubite

INSTRUKCJE:
a) Rozgrzej piekarnik do 375°F (190°C).
b) Na patelni podsmaż mieloną jagnięcinę, pokrojoną w kostkę cebulę i pokrojoną w kostkę paprykę, aż jagnięcina się zrumieni, a warzywa zmiękną. Odsączyć nadmiar tłuszczu.
c) Wymieszaj koncentrat pomidorowy, pastę harissa, mielony kminek, mieloną kolendrę, sól i pieprz.
d) Ciasto francuskie rozwałkować i pokroić w kwadraty.
e) Na każdy kwadrat nałóż łyżkę pikantnej mieszanki jagnięcej.
f) Z ciasta składamy nadzienie, tworząc trójkąty, a brzegi sklejamy widelcem.
g) Posmaruj placki roztrzepanym jajkiem.
h) Ułożyć na blasze wyłożonej papierem do pieczenia i piec przez 20-25 minut lub do złotego koloru.
i) Przed podaniem lekko ostudź.

OBROT RYB I Owoców Morza

54. Obrót rakami

SKŁADNIKI:
- 1 funt gotowanych ogonów raków, obranych
- 1/2 szklanki pokrojonej w kostkę papryki
- 1/2 szklanki pokrojonej w kostkę cebuli
- 2 ząbki czosnku, posiekane
- 1/4 szklanki posiekanej natki pietruszki
- 1/4 szklanki gęstej śmietanki
- Sól i pieprz do smaku
- 1 opakowanie ciasta francuskiego, rozmrożonego
- 1 jajko, ubite

INSTRUKCJE:
a) Rozgrzej piekarnik do 375°F (190°C).
b) Na patelni podsmaż pokrojoną w kostkę paprykę, pokrojoną w kostkę cebulę i posiekany czosnek, aż zmiękną.
c) Dodaj ugotowane ogony raków na patelnię i smaż przez kolejne 2-3 minuty.
d) Wymieszać z posiekaną natką pietruszki, śmietaną, solą i pieprzem. Gotuj przez kolejne 2 minuty, aż mieszanina lekko zgęstnieje.
e) Ciasto francuskie rozwałkować i pokroić w kwadraty.
f) Na każdy kwadrat nałóż łyżkę mieszanki raków.
g) Z ciasta składamy nadzienie, tworząc trójkąty, a brzegi sklejamy widelcem.
h) Posmaruj placki roztrzepanym jajkiem.
i) Ułożyć na blasze wyłożonej papierem do pieczenia i piec przez 20-25 minut lub do złotego koloru.
j) Przed podaniem lekko ostudź.

55. Obrót przegrzebkami i bekonem

SKŁADNIKI:
- 1 funt przegrzebków morskich, posiekanych
- 6 plasterków boczku, ugotowanych i pokruszonych
- 1/4 szklanki pokrojonej w kostkę cebuli
- 1/4 szklanki pokrojonej w kostkę papryki
- 1/4 szklanki startego sera Gruyere
- Sól i pieprz do smaku
- 1 opakowanie ciasta francuskiego, rozmrożonego
- 1 jajko, ubite

INSTRUKCJE:
a) Rozgrzej piekarnik do 375°F (190°C).
b) Na patelni podsmaż posiekane przegrzebki morskie, pokruszony ugotowany boczek, pokrojoną w kostkę cebulę i pokrojoną w kostkę paprykę, aż przegrzebki będą ugotowane, a warzywa zmiękną. Doprawić solą i pieprzem.
c) Mieszaj, aż pokruszony ser Gruyere się rozpuści.
d) Ciasto francuskie rozwałkować i pokroić w kwadraty.
e) Na każdy kwadrat nałóż łyżkę mieszanki przegrzebków i boczku.
f) Z ciasta składamy nadzienie, tworząc trójkąty, a brzegi sklejamy widelcem.
g) Posmaruj placki roztrzepanym jajkiem.
h) Ułożyć na blasze wyłożonej papierem do pieczenia i piec przez 20-25 minut lub do złotego koloru.
i) Przed podaniem lekko ostudź.

56.Obrót krewetkami Scampi

SKŁADNIKI:
- 1 funt gotowanych krewetek, obranych i oczyszczonych
- 1/4 szklanki pokrojonej w kostkę cebuli
- 2 ząbki czosnku, posiekane
- 2 łyżki masła
- 1/4 szklanki białego wina
- 2 łyżki soku z cytryny
- 1 łyżka posiekanej natki pietruszki
- Sól i pieprz do smaku
- 1 opakowanie ciasta francuskiego, rozmrożonego
- 1 jajko, ubite

INSTRUKCJE:
a) Rozgrzej piekarnik do 375°F (190°C).
b) Na patelni rozpuść masło i podsmaż pokrojoną w kostkę cebulę i posiekany czosnek, aż zmiękną.
c) Dodaj ugotowane krewetki na patelnię i smaż przez 2-3 minuty.
d) Wymieszaj białe wino, sok z cytryny, posiekaną natkę pietruszki, sól i pieprz. Gotuj, aż sos lekko się zredukuje.
e) Ciasto francuskie rozwałkować i pokroić w kwadraty.
f) Na każdy kwadrat nałóż łyżkę mieszanki krewetek z krewetkami.
g) Z ciasta składamy nadzienie, tworząc trójkąty, a brzegi sklejamy widelcem.
h) Posmaruj placki roztrzepanym jajkiem.
i) Ułożyć na blasze wyłożonej papierem do pieczenia i piec przez 20-25 minut lub do złotego koloru.
j) Przed podaniem lekko ostudź.

57.Obrót tuńczykiem

SKŁADNIKI:
NA CIASTO:
- 300 gramów mąki
- 1 łyżeczka soli (5 g)
- 1 opakowanie suszonych drożdży (10 g)
- 25 gramów roztopionego smalcu lub ghee
- 2 Jajka, lekko ubite
- 80 mililitrów Mleko, podgrzane

DO WYPEŁNIENIA:
- 2 łyżki oliwy z oliwek
- 300 mililitrów przecieru pomidorowego lub 300 g pomidorów pokrojonych w ćwiartki
- 2 Czerwone papryki pozbawione gniazd nasiennych i pokrojone w paski
- 1 ząbek czosnku, zmiażdżony
- 1 puszka tuńczyka w oleju, odsączonego i płatkowanego (400 g)
- Sól i świeżo zmielony czarny pieprz do smaku

INSTRUKCJE:
PRZYGOTOWANIE CIASTA:
a) Do miski przesiać mąkę i sól, następnie dodać suszone drożdże.
b) Zrób wgłębienie na środku suchych składników i dodaj roztopiony smalec lub ghee oraz ubite jajka. Dokładnie wymieszać.
c) Stopniowo dodawaj podgrzane mleko, aż masa zwiąże się w miękkie ciasto.
d) Zagniataj ciasto na lekko posypanej mąką powierzchni przez dwie do trzech minut, aż będzie gładkie.
e) Ciasto włóż ponownie do miski, przykryj i odstaw do wyrośnięcia na godzinę.

PRZYGOTOWANIE NADZIENIA:
f) Na patelni rozgrzej oliwę z oliwek i smaż pokrojone w ćwiartki pomidory, paski czerwonej papryki i przeciśnięty przez praskę czosnek przez około 10 minut.
g) Dodać odsączonego i rozdrobnionego tuńczyka, doprawić solą i świeżo zmielonym czarnym pieprzem. Odstaw nadzienie z tuńczyka do ostygnięcia.

MONTAŻ I PIECZENIE:

h) Wyrośnięte ciasto zagniataj na lekko posypanej mąką powierzchni przez kolejne trzy minuty, następnie włóż je z powrotem do miski wysmarowanej olejem i pozostaw do wyrośnięcia na kolejne 30 minut.

i) Rozgrzej piekarnik do 180°C (350°F) lub Gas Mark 4.

j) Rozwałkuj połowę ciasta na lekko posypanej mąką powierzchni i wyłóż nim prostokątną formę do pieczenia.

k) Wlać równomiernie łyżką przygotowane nadzienie z tuńczyka.

l) Brzegi ciasta posmaruj wodą.

m) Pozostałą część ciasta rozwałkować i położyć na wierzchu farszu. Zabezpiecz krawędzie i odetnij nadmiar ciasta.

n) Na wierzchu ciasta zrób małe otwory wentylacyjne i posyp mąką.

o) Piec w nagrzanym piekarniku przez 30 do 45 minut lub do momentu, aż Obroty staną się jasnozłote.

p) Wyjmij z piekarnika, poczekaj, aż lekko przestygnie, a następnie pokrój i podawaj.

58. Obrót dorszem galicyjskim

SKŁADNIKI:
CIASTO
- 250 g mąki zwykłej (lub 175 g mąki zwykłej i 75 g mąki kukurydzianej)
- 75 ml ciepłej wody
- 50 ml oliwy z oliwek
- 25 ml białego wina
- 20 g świeżych drożdży
- ½ łyżeczki soli
- 1 jajko (do posmarowania jajka)

POŻYWNY
- 225 g Dorsza, odsolonego
- 1 duża cebula, posiekana
- 1 duża czerwona papryka, posiekana
- 2 ząbki czosnku, posiekane
- 2 łyżki sosu pomidorowego
- 1 szklanka rodzynek
- 1 łyżeczka papryki w proszku
- 2 łyżki oliwy z oliwek
- 1 łyżeczka soli

INSTRUKCJE:
CIASTO
a) W dużej misce umieść mąkę.
b) Drożdże rozpuścić w ciepłej wodzie. Dodaj go do miski. Do miski dodaj oliwę z oliwek, białe wino i sól.
c) Drożdże rozpuścić w ciepłej wodzie i dodać wszystkie składniki do miski. Mieszaj na małych obrotach przez 5 minut, aż ciasto będzie gładkie.
d) Zacznij mieszać łyżką, a następnie rękami. Połóż ciasto na czystym blacie kuchennym i ugniataj, aż ciasto będzie gładkie. Zajmuje to 8-10 minut. Uformuj go w kulę.
e) Posyp miskę mąką i włóż kulkę do środka. Przykryj ściereczką i odstaw na 30 minut.

POŻYWNY

f) Rozgrzej 2 łyżki oliwy z oliwek na dużej patelni na małym i średnim ogniu. Wymieszaj posiekaną cebulę, paprykę i czosnek. Dodaj sól i gotuj na średnim ogniu, aż będzie miękki i złoty. Około 15 minut.

g) Dorsza pokroić na małe kawałki. Dodaj dorsza na patelnię. Dodać sos pomidorowy, rodzynki i paprykę w proszku. Mieszaj i gotuj przez 5 do 8 minut. Nadzienie musi być trochę soczyste. Odłożyć na bok.

h) Uformuj ciasto i piecz (zobacz film poniżej)

i) Ciasto podzielić na dwie równe części, jedna będzie podstawą, druga przykrywką.

j) Rozgrzej piekarnik do 200°C. Grzanie górne i dolne. Połóż papier do pieczenia na blasze do pieczenia.

k) Rozciągnij jeden z kawałków wałkiem do ciasta, aż otrzymasz cienki arkusz o grubości około 2-3 mm.

l) Połóż ciasto na blasze do pieczenia.

m) Rozłóż nadzienie na cieście, ale zostaw trochę miejsca wokół krawędzi, aby zamknąć obroty.

n) Rozciągnij drugi kawałek ciasta. Musi mieć ten sam rozmiar co pierwszy arkusz. Połóż go na nadzieniu. Uszczelnij krawędzie.

o) Posmaruj powierzchnię roztrzepanym jajkiem i piecz przez 30 minut, aż ciasto będzie złociste. 200°C.

p) Wyjmij z piekarnika i poczekaj, aż ostygnie przed jedzeniem.

59.Obrót krewetkami

SKŁADNIKI:
NA CIASTO:
- 3 szklanki mąki uniwersalnej
- 1 łyżeczka grubej soli
- ½ łyżeczki mielonej kurkumy
- ¼ łyżeczki pieprzu białego
- 10 łyżek niesolonego masła, schłodzonego i posiekanego
- 6 łyżek smalcu, schłodzonego
- 1 jajko
- 1 Żółtko jaja
- ½ szklanki piwa Lite lub wody

DO WYPEŁNIENIA:
- 2 łyżki niesolonego masła
- 1 Duża cebula, obrana i posiekana
- 3 ząbki czosnku
- 3 Pomidory, posiekane
- ½ łyżeczki mielonego kardamonu
- ⅛ łyżeczki Zmielone goździki
- ¼ łyżeczki pieprzu białego
- 1 łyżeczka grubej soli
- 1 ½ szklanki Serca palmowe, odsączone i posiekane
- 3 łyżki natki pietruszki
- 1 funt krewetek, obranych i oczyszczonych

DO USZCZELNIACZY I SZKLIWI:
- 1 Białko jaja
- 2 łyżki zimnej wody, mleka lub śmietanki

INSTRUKCJE:
PRZYGOTOWANIE CIASTA:
a) Do miski przesiej mąkę uniwersalną.
b) Dodaj schłodzone i posiekane niesolone masło i mieszaj, aż mieszanina będzie przypominać gruboziarnisty posiłek.
c) Dodaj jajko, żółtko i ¼ szklanki zimnej wody. Kontynuuj mieszanie i dodawanie wody, aż powstanie zwarte ciasto.
d) Zagniataj ciasto, aż będzie gładkie, następnie zawiń je i schładzaj przez 15-30 minut.

PRZYGOTOWANIE NADZIENIA:
e) Na małej patelni rozgrzej niesolone masło.
f) Dodaj posiekaną cebulę i czosnek i smaż na średnim ogniu, aż cebula stanie się przezroczysta, co zajmuje około 5 minut.
g) Dodać pokrojone pomidory, zmielony kardamon, zmielone goździki, biały pieprz i sól. Gotuj około 8 minut.
h) Dodaj posiekane serca palmowe i gotuj jeszcze przez 5 minut lub do momentu, aż płyn odparuje.
i) Odłóż nadzienie na bok i pozostaw do ostygnięcia lub wstaw do lodówki na noc, dobrze przykryte.

WYKONANIE USZCZELNIENIA I SZLIWII:
j) Wymieszaj żółtko jaja i zimną wodę, aby utworzyć uszczelniacz i glazurę. Odłóż ją na bok.

MONTAŻ I PIECZENIE:
k) Rozgrzej piekarnik do 400 stopni Fahrenheita (200 stopni Celsjusza).
l) Na posypanej mąką desce rozwałkuj ciasto na grubość ⅛ cala i pokrój je na 4-calowe kwadraty.
m) Zagnieść skrawki ciasta i ponownie je zwinąć, powtarzając proces w celu uformowania kwadratów, aż do wykorzystania całego ciasta.
n) Na środek każdego kwadratu nałóż łyżkę nadzienia, a na wierzch połóż krewetki.
o) Zwilż brzegi ciasta masą uszczelniającą i uformuj trójkąt, zakładając ciasto na nadzienie.
p) Brzegi dociśnij widelcem, aby je zamknąć.
q) Ułóż Obroty na blasze wyłożonej papierem do pieczenia.
r) Posmaruj Obroty pozostałą glazurą.
s) Piec w nagrzanym piekarniku przez 25 minut lub do momentu, aż staną się złotobrązowe.
t) Przenieś Obroty na kratkę, aby lekko ostygły, a następnie podawaj je na ciepło.
u) Ciesz się pysznymi Turnovers de Camarão wypełnionymi aromatycznymi krewetkami i sercami palmowymi!

60.Obroty Johna Dory'ego

SKŁADNIKI:
Obroty CIASTA:
- 1 jajko, lekko ubite
- 375 g mąki zwykłej
- 1 łyżeczka proszku do pieczenia
- 65 g niesolonego, schłodzonego masła, posiekanego

POŻYWNY:
- 100 ml oleju z pestek winogron
- 700 g filetów John Dory (bez skóry), drobno posiekanych
- 1 cebula, drobno posiekana
- 1 mała czerwona papryka, drobno posiekana
- 1 ½ łyżki słodkiej papryki
- 1 łyżeczka suszonego oregano
- 2 łyżeczki mielonego kminku
- Suszone płatki chili do smaku
- ½ szklanki (75 g) porzeczek
- 2 szklanki (500 ml) bulionu rybnego

INSTRUKCJE:
NA CIASTO:
a) W robocie kuchennym umieść mąkę, proszek do pieczenia, 1 łyżeczkę drobnej soli i masło. Przetwarzaj, aż mieszanina będzie przypominać drobną bułkę tartą.
b) Gdy silnik pracuje, powoli dodaj 175 ml wody i miksuj, aż mieszanina się połączy. Uformuj dysk, zawiń w folię i włóż do lodówki na 2 godziny.

DO WYPEŁNIENIA:
c) Rozgrzej dużą żeliwną patelnię na dużym ogniu. Dodaj 25 ml oleju i poczekaj, aż osiągnie lekką mgiełkę.
d) Gdy olej będzie gorący, dodaj jedną czwartą John Dory i za pomocą łyżki rozdrobnij rybę na równą konsystencję podczas smażenia i brązowienia, aby zapobiec tworzeniu się dużych grudek. Upewnij się, że ryba zaczęła nabierać nieco koloru (zajmie to około 1 minuty).
e) Lekko dopraw drobną solą i zdejmij z patelni. Nie odsączaj mięsa mielonego, ponieważ olej ma dużo smaku i zostanie użyty w końcowej mieszance. Powtórzyć z pozostałym olejem i rybą.

f) Zmniejsz ogień do średniego. Dodaj cebulę i paprykę i smaż, od czasu do czasu mieszając, przez 8-10 minut, aż będą miękkie i lekko zabarwione.

g) Dodaj paprykę, oregano i kminek, lekko dopraw drobną solą i taką ilością chili, jaką uznasz za potrzebną. Lekko tostuj przez 2 minuty. Dodać porzeczki i bulion rybny i doprowadzić do wrzenia na dużym ogniu.

h) Gotuj przez 10-12 minut, aż się zredukuje, a bulion zgęstnieje i pokryje warzywa. Wymieszaj John Dory i dopraw do smaku, dostosowując sól i chili. Przełóż do miski i schładzaj przez 30 minut.

i) Na czystej, posypanej mąką powierzchni rozwałkuj ciasto na grubość 2 mm.

j) Za pomocą foremki do ciasta o średnicy 8 cm odetnij 40 krążków ciasta, ponownie zwijając skrawki. Włóż je między papier do pieczenia, aby zapobiec przywieraniu i schładzaj, aż piekarnik się nagrzeje.

PIEC:

k) Rozgrzej piekarnik do 220°C. Wyłóż 2 duże blachy do pieczenia papierem do pieczenia. Na środek każdego krążka ciasta nałóż ¾ łyżki nadzienia.

l) Posmaruj brzegi wodą, złóż, tworząc półksiężyc i zaciśnij brzegi widelcem lekko posypanym mąką.

m) Ułożyć na przygotowanych blachach i posmarować jajkiem, następnie schłodzić przez 30 minut.

n) Piec 15-20 minut na złoty kolor. Podawać na ciepło z płatkami soli morskiej.

61.Obrót kukurydzą i homarem

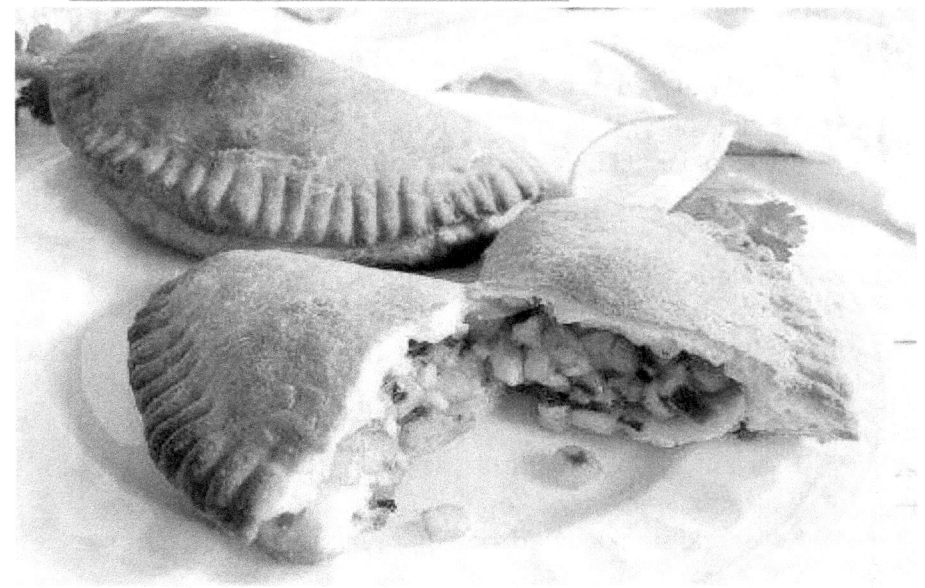

SKŁADNIKI:
CIASTO:
- 1 ¼ szklanki wody
- 2 łyżki tłuszczu roślinnego lub smalcu
- 1 łyżka soli
- 4 szklanki mąki uniwersalnej
- 1 łyżeczka octu szampańskiego

POŻYWNY:
- ¼ szklanki (½ kostki) niesolonego masła
- 2 łyżki pokrojonej w kostkę cebuli hiszpańskiej
- ¼ szklanki plus 2 łyżki mąki uniwersalnej
- 2 łyżki białego wina
- 1 szklanka pełnego mleka
- 1 szklanka ziaren kukurydzy (z puszki lub mrożonej)
- ¼ łyżeczki mielonego kminku
- ¼ łyżeczki słodkiej wędzonej papryki
- ⅛ łyżeczki mielonej kolendry
- Sól i pieprz do smaku
- 1 szklanka grubo posiekanego gotowanego mięsa homara (z około 1-funtowego homara, gotowanego przez 7 minut i zszokowanego w lodowatej wodzie)
- ¾ szklanki startego ostrego sera Cheddar
- 2 łyżki posiekanego szczypiorku
- 2 żółtka wymieszane z 2 łyżkami wody

INSTRUKCJE:
PRZYGOTUJ CIASTO:

a) W małym rondlu wymieszaj wodę, tłuszcz (lub smalec) i sól. Doprowadzić do wrzenia, następnie zdjąć z ognia i odstawić na 5 minut.

b) Do miski miksera wyposażonego w hak do wyrabiania ciasta wsyp mąkę. Dodaj mieszaninę wody i ocet szampański.

c) Mieszaj na średniej prędkości aż do połączenia, następnie zwiększ prędkość i mieszaj przez około 5 minut, aż ciasto uformuje kulę i będzie czysto odchodzić od ścianek miski. W razie potrzeby dodać łyżkę wody.

d) Wyjmij ciasto z miski, przykryj folią i pozostaw na 10 minut w temperaturze pokojowej.
e) Ciasto pokroić na ćwiartki.
f) Rozwałkuj kawałek ciasta na arkusz o grubości ⅛ cala, używając nasadki do wałkowania makaronu lub wałka do ciasta.
g) Za pomocą okrągłego noża o średnicy 4 ½ cala wytnij z arkusza 2 koła.
h) Krążki z ciasta układamy na wyłożonej pergaminem blaszce i przykrywamy kolejną warstwą pergaminu. Powtórzyć z pozostałymi kawałkami ciasta.
i) Schłodzić przez co najmniej 2 godziny.

PRZYGOTUJ NADZIENIE:
j) Na ciężkiej patelni, na średnim ogniu, rozpuść masło.
k) Dodaj pokrojoną w kostkę cebulę i smaż, aż będzie przezroczysta (około 2 minut).
l) Dodać mąkę i wymieszać do połączenia.
m) Dodać białe wino i mleko. Zmniejsz ogień i ciągle mieszaj, aż mieszanina zgęstnieje (około 2 minut).
n) Dodać kukurydzę, kminek, paprykę, kolendrę, doprawić solą i pieprzem.
o) Zdejmij z ognia i dodaj mięso homara, ser cheddar i szczypiorek. Odstawić do ostygnięcia.

MONTAŻ Obrotów:
p) Rozgrzej piekarnik do 425 stopni F.
q) Połóż krążki ciasta na lekko posypanej mąką powierzchni.
r) Na środek koła nałóż czubatą łyżkę farszu kukurydziano-homarowego.
s) Brzegi ciasta posmaruj rozmąconym żółtkiem.
t) Złóż koło, dociśnij krawędzie palcami lub widelcem, aby je zamknąć i połóż na blasze do pieczenia.
u) Powtarzaj, aż wszystkie Obroty zostaną wypełnione.
v) Piec Obroty, aż staną się złotobrązowe i puszyste, co zajmuje około 15 do 20 minut.
w) Podawaj Obroty na ciepło.

62. Obrót czosnkiem, ziołami i łososiem

SKŁADNIKI:
- 2 schłodzone ciastka, zmiękczone
- 6 uncji wędzonego łososia w płatkach
- 1 opakowanie (5,2 uncji) sera Boursin z czosnkiem i ziołami
- ½ szklanki kwaśnej śmietany
- 1 łyżka posiekanego świeżego szczypiorku (opcjonalnie)

INSTRUKCJE:
a) Rozgrzej piekarnik do 425°F. Dużą blachę do pieczenia wyłóż papierem pergaminowym lub spryskaj sprayem kuchennym.
b) Wyjmij spody z torebek i połóż je płasko na powierzchni roboczej.
c) Każdy spód ciasta pokroić na 4 kawałki w kształcie klina.

PRZYGOTOWAĆ NADZIENIE Z ŁOSOSIEM I SEREM:
d) W małej misce wymieszaj wędzonego łososia i ser Boursin z czosnkiem i ziołami, aż dobrze się połączą.

MONTAŻ Obrotów:
e) Rozprowadź równomiernie około 2 łyżek mieszanki łososia i sera na połowie każdego kawałka ciasta, pozostawiając ¼-calową granicę wokół krawędzi.
f) Posmaruj krawędzie ciasta wodą, aby je uszczelnić.
g) Złóż niepołączoną połowę ciasta na nadzienie, tworząc trójkąt. Mocno dociśnij krawędzie, aby je uszczelnić.

PIEC Obroty:
h) Umieść zmontowane Obroty na przygotowanej blasze z ciasteczkami.
i) Piec w nagrzanym piekarniku przez 12 do 17 minut lub do momentu, aż staną się złotobrązowe.
j) Po upieczeniu Obrotów natychmiast wyjmij je z blachy i umieść na metalowej kratce do ostygnięcia na około 10 minut.

PRZYGOTOWANIE dipu śmietanowego:
k) W małej misce wymieszaj łyżką kwaśną śmietanę.
l) W razie potrzeby posyp posiekanym świeżym szczypiorkiem.
m) Umieść miskę ze śmietaną na środku półmiska.
n) Ciepłe Obroty przekrój na pół, tworząc 2 trójkąty i ułóż je wokół miski.
o) Ciesz się pysznymi czosnkowo-ziołowymi obrotami i łososiem!

63.Obrót Mini Krabem

SKŁADNIKI:
NA NADZIENIE KRABOWE:
- 8 uncji Jumbo kawałka mięsa kraba, odsączone
- ¼ szklanki czerwonej papryki, pokrojonej w kostkę
- ¼ szklanki świeżej pietruszki, drobno posiekanej
- 2 łyżki świeżego szczypiorku, drobno posiekanego
- ½ szklanki majonezu
- 4 uncje bitego sera śmietankowego
- 1 łyżka soku z cytryny
- ½ łyżeczki ostrego sosu
- ¼ szklanki bułki tartej Panko

DO MONTAŻU Obrotów:
- 20 krążków Turnovers, przeciętych na pół i rozmrożonych (postępuj zgodnie z instrukcją na opakowaniu)
- Woda do uszczelniania obrotów (obejrzyj film w tym przepisie w celach informacyjnych)
- Olej kukurydziany o głębokości 1 cala na patelni do smażenia

INSTRUKCJE:
KORZYSTANIE Z PIECZONEGO dipu krabowego:
a) Mięso krabowe włóż do miski i lekko rozdrobnij.
b) Wymieszać z pokrojoną w kostkę czerwoną papryką, drobno posiekaną natką pietruszki i drobno posiekanym szczypiorkiem. Delikatnie wymieszaj.
c) Dodać majonez, ubity serek śmietankowy, sok z cytryny i ostry sos. Ponownie delikatnie zamieszaj.
d) Umieść mieszaninę w naczyniu do pieczenia.
e) Rozgrzej piekarnik do 425 stopni i umieść stojak w drugiej górnej prowadnicy piekarnika.
f) Tuż przed pieczeniem posyp równomiernie bułką tartą Panko mieszaninę krabową.
g) Piec, aż Panko będzie lekko przypieczone, a na brzegach naczynia do pieczenia będą widoczne pęcherzyki. Może to zająć około 20 minut. Miej to na oku.
h) Gotowe podawaj z crostini, tostami melba lub innym ulubionym daniem.

WYKONYWANIE MINI KRABÓW Od podstaw:
i) Postępuj zgodnie ze wszystkimi instrukcjami przygotowania mieszanki krabowej, ale nie posypuj jej bułką tartą Panko i nie piecz.
j) Zamiast tego przetnij krążki Obrotów na pół.
k) Zwilż krawędzie każdego półkrążka wodą.
l) Umieść około ½ łyżeczki mieszanki krabowej na środku każdego półkrążka.
m) Złóż półkrążek tak, aby powstał kształt półksiężyca i zlep brzegi zębami widelca. Obejrzyj dostarczony film w celach informacyjnych.
n) Gdy wszystkie Obroty zostaną wypełnione i zamknięte, możesz zamrozić te, których nie będziesz gotować, umieszczając je na talerzu, tak aby nie nachodziły na siebie, w zamrażarce na około 30 minut, a następnie przenosząc je do torebki strunowej. Przechowuj je w zamrażarce, aż będą gotowe do smażenia.
o) Gdy wszystko będzie gotowe do smażenia, na patelni dodaj około 1 cala oleju kukurydzianego na dużym ogniu.
p) Gdy olej będzie gorący, zmniejsz ogień do średniego i odczekaj minutę.
q) Ostrożnie dodawaj pojedynczo każde mini Obroty i smaż, aż staną się lekko złocistobrązowe, obracając się w razie potrzeby. Pamiętaj, że nadzienie krabowe jest już ugotowane, a my musimy ugotować jedynie zewnętrzną część.
r) Ciesz się pysznymi Mini Crab Turnovers jako idealną przystawką na każdą okazję!

64.Obroty Tilapii

SKŁADNIKI:
- 3 łyżki oliwy z oliwek
- ½ szklanki białej lub żółtej cebuli, drobno posiekanej
- 2 duże ząbki czosnku, drobno posiekane
- 4 filety z tilapii, rozmrożone
- pieprz do smaku
- 2 małe czerwone ziemniaki, obrane, ugotowane i posiekane
- 2 marchewki, obrane, ugotowane i pokrojone w drobną kostkę
- 6 czarnych oliwek, posiekanych
- 6 zielonych oliwek, posiekanych
- 4 łyżeczki kaparów
- ¾ łyżeczki soli
- ¾ łyżeczki zmielonych płatków czerwonej papryki
- ¼ łyżeczki papryki
- 1 łyżka białego octu winnego
- 6 gałązek świeżej pietruszki, drobno posiekanych
- 1 opakowanie arkuszy ciasta francuskiego (2 arkusze), rozmrożone
- 1 jajko

DODATKOWE PRZEDMIOTY:
- Mąka uniwersalna
- Arkusze do pieczenia
- Pergamin
- 4-calowa okrągła forma do wycinania Obrotów

INSTRUKCJE:
a) Rozgrzej piekarnik do 177°C (350 stopni F).

b) Na dużej patelni rozgrzej oliwę z oliwek. Dodajemy drobno posiekaną cebulę i czosnek, smażymy około minuty.

c) Dodaj cztery filety tilapii na patelnię.

d) Doprawiamy pieprzem do smaku i smażymy po 2-3 minuty z każdej strony.

e) Rozłóż ugotowaną rybę na patelni za pomocą kilku widelców.

f) Do mieszanki rybnej dodaj ugotowane i posiekane ziemniaki, marchewkę, oliwki, kapary, sól, pokruszone płatki czerwonej papryki, paprykę, drobno posiekaną natkę pietruszki i biały ocet winny.

g) Gotuj przez dodatkowe 2-3 minuty.

h) Spróbuj soli i w razie potrzeby dopraw.
i) Wyłącz ogień i odłóż na bok.

PRZYGOTOWAĆ CIASTO FRANCUSKIE:
j) Połóż 1 arkusz ciasta francuskiego na lekko posypanej mąką, czystej powierzchni (drugi arkusz przechowuj w lodówce).
k) Za pomocą wałka posypanego mąką rozwałkuj arkusz ciasta francuskiego na rozmiar 12 x 12 cali.
l) Za pomocą okrągłej foremki wytnij 9 kółek (można też użyć okrągłej pokrywki lub brzegu szklanki).
m) Nadmiar ciasta włóż do plastikowej torby i wstaw do lodówki.

MONTAŻ Obroty:
n) Napełnij każdy Obrót łyżeczką nadzienia rybnego.
o) Złóż ciasto na nadzienie i dociśnij krawędzie palcami, aż do połączenia.
p) Za pomocą widelca zaciśnij krawędzie.
q) Zrób małe nacięcie na górze każdego Obrotu, aby umożliwić ujście pary.
r) Ułóż Obroty na blasze wyłożonej papierem do pieczenia.
s) Powtórz ten proces, aby uzyskać w sumie 9 Obrótów.
t) Wyjmij drugi arkusz ciasta francuskiego z lodówki i wykonaj kolejne 9 obrotów.
u) Do nadmiaru ciasta z pierwszego arkusza dodajemy nadmiar ciasta, wyrabiamy kilka minut i ponownie wałkujemy.
v) To da ci dodatkowe 4-6 Obrótów.
w) Ubij jajko i posmaruj każdy obrót.
x) Piec przez 20-22 minut lub do momentu, aż ciasto będzie złotobrązowe.
y) Ciesz się pysznymi Tilapią Turnovers jako aromatyczną ucztą!

OBRÓT WIEPRZOWNI

65. Obrót szarpaną wieprzowiną

SKŁADNIKI:
- 1 funt szarpanej wieprzowiny
- 1/2 szklanki sosu barbecue
- 1/4 szklanki pokrojonej w kostkę cebuli
- 1/4 szklanki pokrojonej w kostkę papryki
- 1/4 szklanki startego sera Cheddar
- Sól i pieprz do smaku
- 1 opakowanie ciasta francuskiego, rozmrożonego
- 1 jajko, ubite

INSTRUKCJE:
a) Rozgrzej piekarnik do 375°F (190°C).
b) W misce wymieszaj szarpaną wieprzowinę, sos barbecue, pokrojoną w kostkę cebulę, pokrojoną w kostkę paprykę, posiekany ser cheddar, sól i pieprz.
c) Ciasto francuskie rozwałkować i pokroić w kwadraty.
d) Na każdy kwadrat nałóż łyżkę mieszanki szarpanej wieprzowiny.
e) Z ciasta składamy nadzienie, tworząc trójkąty, a brzegi sklejamy widelcem.
f) Posmaruj placki roztrzepanym jajkiem.
g) Ułożyć na blasze wyłożonej papierem do pieczenia i piec przez 20-25 minut lub do złotego koloru.
h) Przed podaniem lekko ostudź.

66.Obrót wieprzowiną jabłkową

SKŁADNIKI:

- 1 funt mielonej wieprzowiny
- 2 jabłka, obrane i pokrojone w kostkę
- 1/4 szklanki pokrojonej w kostkę cebuli
- 1/4 szklanki pokrojonego w kostkę selera
- 1/4 szklanki posiekanych orzechów włoskich
- 2 łyżki syropu klonowego
- Sól i pieprz do smaku
- 1 opakowanie ciasta francuskiego, rozmrożonego
- 1 jajko, ubite

INSTRUKCJE:

a) Rozgrzej piekarnik do 375°F (190°C).
b) Na patelni podsmaż mieloną wieprzowinę, pokrojone w kostkę jabłko, pokrojoną w kostkę cebulę i pokrojony w kostkę seler, aż wieprzowina się zrumieni, a jabłka zmiękną. Odsączyć nadmiar tłuszczu.
c) Wymieszać z posiekanymi orzechami włoskimi, syropem klonowym, solą i pieprzem.
d) Ciasto francuskie rozwałkować i pokroić w kwadraty.
e) Na każdy kwadrat nałóż łyżkę mieszanki wieprzowej i jabłkowej.
f) Z ciasta składamy nadzienie, tworząc trójkąty, a brzegi sklejamy widelcem.
g) Posmaruj placki roztrzepanym jajkiem.
h) Ułożyć na blasze wyłożonej papierem do pieczenia i piec przez 20-25 minut lub do złotego koloru.
i) Przed podaniem lekko ostudź.

67. Obrót kiełbasą i jabłkami

SKŁADNIKI:
- 1 funt kiełbasy wieprzowej
- 2 jabłka, obrane i pokrojone w kostkę
- 1/4 szklanki pokrojonej w kostkę cebuli
- 1/4 szklanki startego sera Cheddar
- 1 łyżka posiekanej świeżej szałwii
- Sól i pieprz do smaku
- 1 opakowanie ciasta francuskiego, rozmrożonego
- 1 jajko, ubite

INSTRUKCJE:
a) Rozgrzej piekarnik do 375°F (190°C).
b) Na patelni podsmaż kiełbasę wieprzową, pokrojone w kostkę jabłko i pokrojoną w kostkę cebulę, aż kiełbasa się zarumieni, a jabłka zmiękną. Odsączyć nadmiar tłuszczu.
c) Dodaj pokruszony ser cheddar, posiekaną świeżą szałwię, sól i pieprz.
d) Ciasto francuskie rozwałkować i pokroić w kwadraty.
e) Na każdy kwadrat nałóż łyżkę masy kiełbasowo-jabłkowej.
f) Z ciasta składamy nadzienie, tworząc trójkąty, a brzegi sklejamy widelcem.
g) Posmaruj placki roztrzepanym jajkiem.
h) Ułożyć na blasze wyłożonej papierem do pieczenia i piec przez 20-25 minut lub do złotego koloru.
i) Przed podaniem lekko ostudź.

68. Obrót wieprzowiną Hoisin

SKŁADNIKI:
- 1 funt mielonej wieprzowiny
- 1/4 szklanki sosu hoisin
- 2 łyżki sosu sojowego
- 2 ząbki czosnku, posiekane
- 1 łyżka startego imbiru
- 1/4 szklanki posiekanej zielonej cebuli
- Sól i pieprz do smaku
- 1 opakowanie ciasta francuskiego, rozmrożonego
- 1 jajko, ubite

INSTRUKCJE:
a) Rozgrzej piekarnik do 375°F (190°C).
b) Na patelni podsmaż mieloną wieprzowinę, posiekany czosnek i starty imbir, aż wieprzowina się zrumieni. Odsączyć nadmiar tłuszczu.
c) Wymieszaj sos hoisin, sos sojowy, posiekaną zieloną cebulę, sól i pieprz.
d) Ciasto francuskie rozwałkować i pokroić w kwadraty.
e) Na każdy kwadrat nałóż łyżkę mieszanki wieprzowej hoisin.
f) Z ciasta składamy nadzienie, tworząc trójkąty, a brzegi sklejamy widelcem.
g) Posmaruj placki roztrzepanym jajkiem.
h) Ułożyć na blasze wyłożonej papierem do pieczenia i piec przez 20-25 minut lub do złotego koloru.
i) Przed podaniem lekko ostudź.

69.Obrót wieprzowiną i kimchi

SKŁADNIKI:

- 1 funt mielonej wieprzowiny
- 1 szklanka kimchi, posiekana
- 1/4 szklanki pokrojonej w kostkę cebuli
- 2 ząbki czosnku, posiekane
- 1 łyżka sosu sojowego
- 1 łyżka oleju sezamowego
- Sól i pieprz do smaku
- 1 opakowanie ciasta francuskiego, rozmrożonego
- 1 jajko, ubite

INSTRUKCJE:

a) Rozgrzej piekarnik do 375°F (190°C).
b) Na patelni podsmaż mieloną wieprzowinę, pokrojoną w kostkę cebulę i posiekany czosnek, aż wieprzowina się zrumieni. Odsączyć nadmiar tłuszczu.
c) Wymieszaj posiekane kimchi, sos sojowy, olej sezamowy, sól i pieprz.
d) Ciasto francuskie rozwałkować i pokroić w kwadraty.
e) Na każdy kwadrat nałóż łyżkę mieszanki wieprzowiny i kimchi.
f) Z ciasta składamy nadzienie, tworząc trójkąty, a brzegi sklejamy widelcem.
g) Posmaruj placki roztrzepanym jajkiem.
h) Ułożyć na blasze wyłożonej papierem do pieczenia i piec przez 20-25 minut lub do złotego koloru.
i) Przed podaniem lekko ostudź.

70. Obrót wieprzowiną i kapustą

SKŁADNIKI:
- 1 funt mielonej wieprzowiny
- 2 szklanki posiekanej kapusty
- 1/4 szklanki pokrojonej w kostkę cebuli
- 2 ząbki czosnku, posiekane
- 2 łyżki sosu sojowego
- 1 łyżka octu ryżowego
- Sól i pieprz do smaku
- 1 opakowanie ciasta francuskiego, rozmrożonego
- 1 jajko, ubite

INSTRUKCJE:
a) Rozgrzej piekarnik do 375°F (190°C).
b) Na patelni podsmaż mieloną wieprzowinę, posiekaną kapustę, pokrojoną w kostkę cebulę i posiekany czosnek, aż wieprzowina się zarumieni, a kapusta zmięknie. Odsączyć nadmiar tłuszczu.
c) Wymieszaj sos sojowy, ocet ryżowy, sól i pieprz.
d) Ciasto francuskie rozwałkować i pokroić w kwadraty.
e) Na każdy kwadrat nałóż łyżkę mieszanki wieprzowej i kapusty.
f) Z ciasta składamy nadzienie, tworząc trójkąty, a brzegi sklejamy widelcem.
g) Posmaruj placki roztrzepanym jajkiem.
h) Ułożyć na blasze wyłożonej papierem do pieczenia i piec przez 20-25 minut lub do złotego koloru.
i) Przed podaniem lekko ostudź.

71. Obrót kiełkami wieprzowiny i fasoli

SKŁADNIKI:
- 1 funt mielonej wieprzowiny
- 2 szklanki kiełków fasoli
- 1/4 szklanki pokrojonej w kostkę cebuli
- 2 ząbki czosnku, posiekane
- 2 łyżki sosu ostrygowego
- 1 łyżka sosu sojowego
- Sól i pieprz do smaku
- 1 opakowanie ciasta francuskiego, rozmrożonego
- 1 jajko, ubite

INSTRUKCJE:
a) Rozgrzej piekarnik do 375°F (190°C).
b) Na patelni podsmaż mieloną wieprzowinę, kiełki fasoli, pokrojoną w kostkę cebulę i posiekany czosnek, aż wieprzowina się zrumieni, a kiełki fasoli zmiękną. Odsączyć nadmiar tłuszczu.
c) Wymieszaj sos ostrygowy, sos sojowy, sól i pieprz.
d) Ciasto francuskie rozwałkować i pokroić w kwadraty.
e) Na każdy kwadrat nałóż łyżkę mieszanki wieprzowiny i kiełków fasoli.
f) Z ciasta składamy nadzienie, tworząc trójkąty, a brzegi sklejamy widelcem.
g) Posmaruj placki roztrzepanym jajkiem.
h) Ułożyć na blasze wyłożonej papierem do pieczenia i piec przez 20-25 minut lub do złotego koloru.
i) Przed podaniem lekko ostudź.

72.Obrót wieprzowiną i ananasem

SKŁADNIKI:
- 1 funt mielonej wieprzowiny
- 1 szklanka pokrojonego w kostkę ananasa
- 1/4 szklanki pokrojonej w kostkę papryki
- 1/4 szklanki pokrojonej w kostkę cebuli
- 2 ząbki czosnku, posiekane
- 2 łyżki sosu sojowego
- 1 łyżka brązowego cukru
- Sól i pieprz do smaku
- 1 opakowanie ciasta francuskiego, rozmrożonego
- 1 jajko, ubite

INSTRUKCJE:
a) Rozgrzej piekarnik do 375°F (190°C).
b) Na patelni podsmaż mieloną wieprzowinę, pokrojony w kostkę ananas, pokrojoną w kostkę paprykę, pokrojoną w kostkę cebulę i posiekany czosnek, aż wieprzowina się zrumieni, a warzywa zmiękną. Odsączyć nadmiar tłuszczu.
c) Wymieszaj sos sojowy, brązowy cukier, sól i pieprz.
d) Ciasto francuskie rozwałkować i pokroić w kwadraty.
e) Na każdy kwadrat nałóż łyżkę mieszanki wieprzowiny i ananasa.
f) Z ciasta składamy nadzienie, tworząc trójkąty, a brzegi sklejamy widelcem.
g) Posmaruj placki roztrzepanym jajkiem.
h) Ułożyć na blasze wyłożonej papierem do pieczenia i piec przez 20-25 minut lub do złotego koloru.
i) Przed podaniem lekko ostudź.

OBROTY SERÓW

73.Obroty szpinakiem i serem feta

SKŁADNIKI:
- 1 szklanka posiekanego szpinaku, ugotowanego i odsączonego
- 1/2 szklanki pokruszonego sera feta
- 1/4 szklanki pokrojonej w kostkę cebuli
- 1 ząbek czosnku, posiekany
- 1/4 łyżeczki suszonego oregano
- Sól i pieprz do smaku
- 1 opakowanie ciasta francuskiego, rozmrożonego
- 1 jajko, ubite

INSTRUKCJE:
a) Rozgrzej piekarnik do 375°F (190°C).
b) W misce wymieszaj posiekany ugotowany szpinak, pokruszony ser feta, pokrojoną w kostkę cebulę, posiekany czosnek, suszone oregano, sól i pieprz.
c) Ciasto francuskie rozwałkować i pokroić w kwadraty.
d) Na każdy kwadrat nałóż łyżkę mieszanki szpinaku i fety.
e) Z ciasta składamy nadzienie, tworząc trójkąty, a brzegi sklejamy widelcem.
f) Posmaruj placki roztrzepanym jajkiem.
g) Ułożyć na blasze wyłożonej papierem do pieczenia i piec przez 20-25 minut lub do złotego koloru.
h) Przed podaniem lekko ostudź.

74. Trzy obroty serem

SKŁADNIKI:

- 1 szklanka startego sera mozzarella
- 1/2 szklanki pokruszonego sera feta
- 1/4 szklanki startego parmezanu
- 1/4 szklanki posiekanej świeżej bazylii
- Sól i pieprz do smaku
- 1 opakowanie ciasta francuskiego, rozmrożonego
- 1 jajko, ubite

INSTRUKCJE:

a) Rozgrzej piekarnik do 375°F (190°C).
b) W misce wymieszaj posiekany ser mozzarella, pokruszony ser feta, starty parmezan, posiekaną świeżą bazylię, sól i pieprz.
c) Ciasto francuskie rozwałkować i pokroić w kwadraty.
d) Na każdy kwadrat nałóż łyżkę mieszanki trzech serów.
e) Z ciasta składamy nadzienie, tworząc trójkąty, a brzegi sklejamy widelcem.
f) Posmaruj placki roztrzepanym jajkiem.
g) Ułożyć na blasze wyłożonej papierem do pieczenia i piec przez 20-25 minut lub do złotego koloru.
h) Przed podaniem lekko ostudź.

75.Obrót Cheddarem i Brokułami

SKŁADNIKI:
- 1 szklanka posiekanych brokułów, ugotowanych i odsączonych
- 1 szklanka startego sera cheddar
- 1/4 szklanki pokrojonej w kostkę cebuli
- 1 ząbek czosnku, posiekany
- Sól i pieprz do smaku
- 1 opakowanie ciasta francuskiego, rozmrożonego
- 1 jajko, ubite

INSTRUKCJE:
a) Rozgrzej piekarnik do 375°F (190°C).
b) W misce wymieszaj posiekane ugotowane brokuły, posiekany ser cheddar, pokrojoną w kostkę cebulę, mielony czosnek, sól i pieprz.
c) Ciasto francuskie rozwałkować i pokroić w kwadraty.
d) Na każdy kwadrat nałóż łyżkę mieszanki brokułów i sera cheddar.
e) Z ciasta składamy nadzienie, tworząc trójkąty, a brzegi sklejamy widelcem.
f) Posmaruj placki roztrzepanym jajkiem.
g) Ułożyć na blasze wyłożonej papierem do pieczenia i piec przez 20-25 minut lub do złotego koloru.
h) Przed podaniem lekko ostudź.

76. Obrót serem pleśniowym i gruszkami

SKŁADNIKI:
- 1 szklanka pokruszonego sera pleśniowego
- 1 gruszka, obrana i pokrojona w kostkę
- 1/4 szklanki posiekanych orzechów włoskich
- 2 łyżki miodu
- Sól i pieprz do smaku
- 1 opakowanie ciasta francuskiego, rozmrożonego
- 1 jajko, ubite

INSTRUKCJE:
a) Rozgrzej piekarnik do 375°F (190°C).
b) W misce wymieszaj pokruszony ser pleśniowy, pokrojoną w kostkę gruszkę, posiekane orzechy włoskie, miód, sól i pieprz.
c) Ciasto francuskie rozwałkować i pokroić w kwadraty.
d) Na każdy kwadrat nałóż łyżkę mieszanki sera pleśniowego i gruszek.
e) Z ciasta składamy nadzienie, tworząc trójkąty, a brzegi sklejamy widelcem.
f) Posmaruj placki roztrzepanym jajkiem.
g) Ułożyć na blasze wyłożonej papierem do pieczenia i piec przez 20-25 minut lub do złotego koloru.
h) Przed podaniem lekko ostudź.

77. Obroty serem kozim i pieczoną czerwoną papryką

SKŁADNIKI:

- 1 szklanka pokruszonego sera koziego
- 1/2 szklanki posiekanej pieczonej czerwonej papryki
- 2 łyżki posiekanej świeżej bazylii
- Sól i pieprz do smaku
- 1 opakowanie ciasta francuskiego, rozmrożonego
- 1 jajko, ubite

INSTRUKCJE:

a) Rozgrzej piekarnik do 375°F (190°C).
b) W misce wymieszaj pokruszony kozi ser, posiekaną pieczoną czerwoną paprykę, posiekaną świeżą bazylię, sól i pieprz.
c) Ciasto francuskie rozwałkować i pokroić w kwadraty.
d) Na każdy kwadrat nałóż łyżkę mieszanki koziego sera i pieczonej czerwonej papryki.
e) Z ciasta składamy nadzienie, tworząc trójkąty, a brzegi sklejamy widelcem.
f) Posmaruj placki roztrzepanym jajkiem.
g) Ułożyć na blasze wyłożonej papierem do pieczenia i piec przez 20-25 minut lub do złotego koloru.
h) Przed podaniem lekko ostudź.

78. Obroty Brie i Cranberry

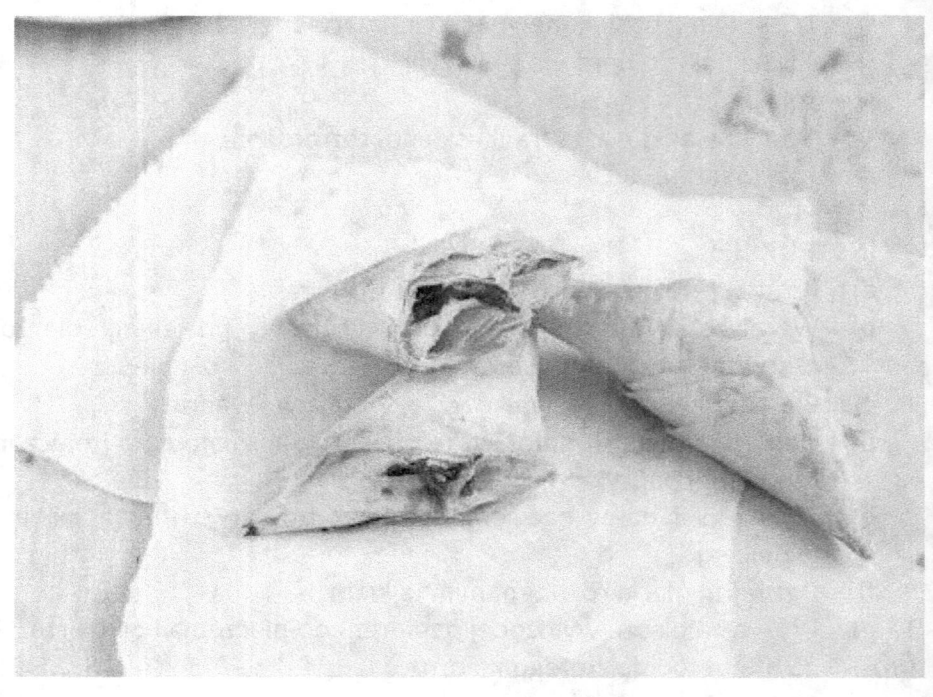

SKŁADNIKI:
- 1 kółko sera brie, usunięte ze skórki i pokrojone w kostkę
- 1/2 szklanki sosu żurawinowego
- 2 łyżki posiekanych orzechów pekan
- Sól i pieprz do smaku
- 1 opakowanie ciasta francuskiego, rozmrożonego
- 1 jajko, ubite

INSTRUKCJE:
a) Rozgrzej piekarnik do 375°F (190°C).
b) W misce wymieszaj pokrojony w kostkę ser brie, sos żurawinowy, posiekane orzechy pekan, sól i pieprz.
c) Ciasto francuskie rozwałkować i pokroić w kwadraty.
d) Na każdy kwadrat nałóż łyżkę mieszanki brie i żurawiny.
e) Z ciasta składamy nadzienie, tworząc trójkąty, a brzegi sklejamy widelcem.
f) Posmaruj placki roztrzepanym jajkiem.
g) Ułożyć na blasze wyłożonej papierem do pieczenia i piec przez 20-25 minut lub do złotego koloru.
h) Przed podaniem lekko ostudź.

79. Obrót serem Cheddar i jabłkami

SKŁADNIKI:
- 1 szklanka startego sera cheddar
- 1 jabłko, obrane i pokrojone w kostkę
- 2 łyżki miodu
- 1/4 łyżeczki mielonego cynamonu
- Sól i pieprz do smaku
- 1 opakowanie ciasta francuskiego, rozmrożonego
- 1 jajko, ubite

INSTRUKCJE:
a) Rozgrzej piekarnik do 375°F (190°C).
b) W misce wymieszaj pokruszony ser cheddar, pokrojone w kostkę jabłko, miód, mielony cynamon, sól i pieprz.
c) Ciasto francuskie rozwałkować i pokroić w kwadraty.
d) Na każdy kwadrat nałóż łyżkę mieszanki sera cheddar i jabłek.
e) Z ciasta składamy nadzienie, tworząc trójkąty, a brzegi sklejamy widelcem.
f) Posmaruj placki roztrzepanym jajkiem.
g) Ułożyć na blasze wyłożonej papierem do pieczenia i piec przez 20-25 minut lub do złotego koloru.
h) Przed podaniem lekko ostudź.

80. Obroty z ricottą i szpinakiem

SKŁADNIKI:
- 1 szklanka sera ricotta
- 1 szklanka posiekanego szpinaku, ugotowanego i odsączonego
- 1/4 szklanki startego parmezanu
- 1 ząbek czosnku, posiekany
- Sól i pieprz do smaku
- 1 opakowanie ciasta francuskiego, rozmrożonego
- 1 jajko, ubite

INSTRUKCJE:
a) Rozgrzej piekarnik do 375°F (190°C).
b) W misce wymieszaj ser ricotta, ugotowany i odsączony posiekany szpinak, starty parmezan, posiekany czosnek, sól i pieprz.
c) Ciasto francuskie rozwałkować i pokroić w kwadraty.
d) Na każdy kwadrat nałóż łyżkę mieszanki ricotty i szpinaku.
e) Z ciasta składamy nadzienie, tworząc trójkąty, a brzegi sklejamy widelcem.
f) Posmaruj placki roztrzepanym jajkiem.
g) Ułożyć na blasze wyłożonej papierem do pieczenia i piec przez 20-25 minut lub do złotego koloru.
h) Przed podaniem lekko ostudź.

81.Obroty z grzybami i serem szwajcarskim

SKŁADNIKI:

- 1 szklanka pokrojonych w plasterki grzybów
- 1/4 szklanki pokrojonej w kostkę cebuli
- 1 ząbek czosnku, posiekany
- 1 szklanka startego sera szwajcarskiego
- 2 łyżki posiekanej świeżej pietruszki
- Sól i pieprz do smaku
- 1 opakowanie ciasta francuskiego, rozmrożonego
- 1 jajko, ubite

INSTRUKCJE:

a) Rozgrzej piekarnik do 375°F (190°C).
b) Na patelni podsmaż pokrojone w plasterki pieczarki, pokrojoną w kostkę cebulę i posiekany czosnek, aż będą miękkie.
c) Wymieszać z posiekanym serem szwajcarskim, posiekaną świeżą pietruszką, solą i pieprzem.
d) Ciasto francuskie rozwałkować i pokroić w kwadraty.
e) Na każdy kwadrat nałóż łyżkę mieszanki grzybów i sera szwajcarskiego.
f) Z ciasta składamy nadzienie, tworząc trójkąty, a brzegi sklejamy widelcem.
g) Posmaruj placki roztrzepanym jajkiem.
h) Ułożyć na blasze wyłożonej papierem do pieczenia i piec przez 20-25 minut lub do złotego koloru.
i) Przed podaniem lekko ostudź.

82.Obrót bekonem i gouda

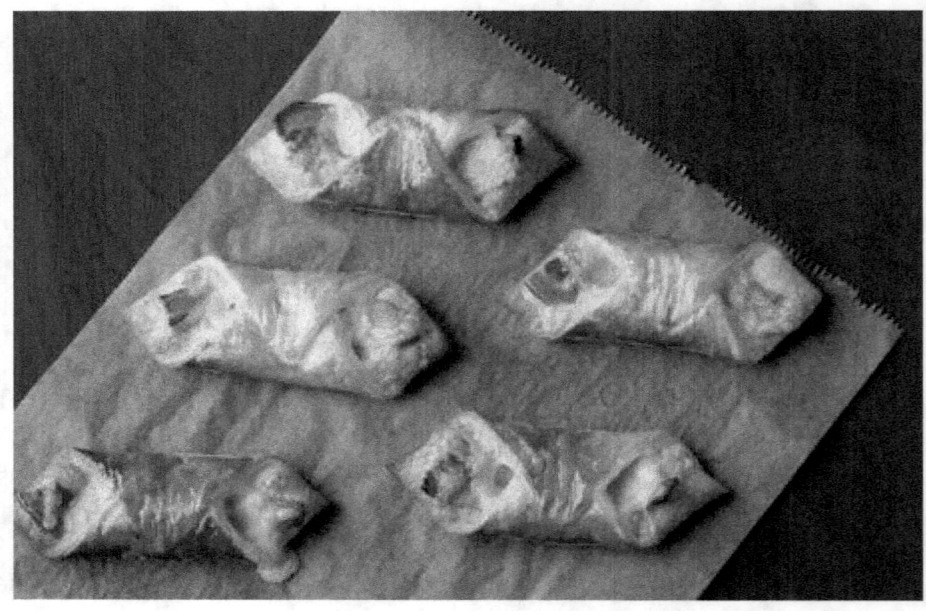

SKŁADNIKI:
- 1 szklanka startego sera Gouda
- 6 plasterków boczku, ugotowanych i pokruszonych
- 1/4 szklanki posiekanej zielonej cebuli
- Sól i pieprz do smaku
- 1 opakowanie ciasta francuskiego, rozmrożonego
- 1 jajko, ubite

INSTRUKCJE:
a) Rozgrzej piekarnik do 375°F (190°C).
b) W misce wymieszaj pokruszony ser Gouda, pokruszony ugotowany boczek, posiekaną zieloną cebulę, sól i pieprz.
c) Ciasto francuskie rozwałkować i pokroić w kwadraty.
d) Na każdy kwadrat nałóż łyżkę mieszanki bekonu i goudy.
e) Z ciasta składamy nadzienie, tworząc trójkąty, a brzegi sklejamy widelcem.
f) Posmaruj placki roztrzepanym jajkiem.
g) Ułożyć na blasze wyłożonej papierem do pieczenia i piec przez 20-25 minut lub do złotego koloru.
h) Przed podaniem lekko ostudź.

83. Obroty z suszonymi pomidorami i mozzarellą

SKŁADNIKI:
- 1 szklanka startego sera mozzarella
- 1/4 szklanki posiekanych suszonych pomidorów
- 2 łyżki posiekanej świeżej bazylii
- Sól i pieprz do smaku
- 1 opakowanie ciasta francuskiego, rozmrożonego
- 1 jajko, ubite

INSTRUKCJE:
a) Rozgrzej piekarnik do 375°F (190°C).
b) W misce wymieszaj pokruszony ser mozzarella, posiekane suszone pomidory, posiekaną świeżą bazylię, sól i pieprz.
c) Ciasto francuskie rozwałkować i pokroić w kwadraty.
d) Na każdy kwadrat nałóż łyżkę mieszanki suszonych pomidorów i mozzarelli.
e) Z ciasta składamy nadzienie, tworząc trójkąty, a brzegi sklejamy widelcem.
f) Posmaruj placki roztrzepanym jajkiem.
g) Ułożyć na blasze wyłożonej papierem do pieczenia i piec przez 20-25 minut lub do złotego koloru.
h) Przed podaniem lekko ostudź.

84.Obroty z karczochami i parmezanem

SKŁADNIKI:
- 1 szklanka startego parmezanu
- 1 szklanka posiekanych marynowanych serc karczochów
- 1/4 szklanki posiekanej świeżej pietruszki
- Sól i pieprz do smaku
- 1 opakowanie ciasta francuskiego, rozmrożonego
- 1 jajko, ubite

INSTRUKCJE:
a) Rozgrzej piekarnik do 375°F (190°C).
b) W misce wymieszaj starty parmezan, posiekane marynowane serca karczochów, posiekaną świeżą pietruszkę, sól i pieprz.
c) Ciasto francuskie rozwałkować i pokroić w kwadraty.
d) Na każdy kwadrat nałóż łyżkę mieszanki karczochów i parmezanu.
e) Z ciasta składamy nadzienie, tworząc trójkąty, a brzegi sklejamy widelcem.
f) Posmaruj placki roztrzepanym jajkiem.
g) Ułożyć na blasze wyłożonej papierem do pieczenia i piec przez 20-25 minut lub do złotego koloru.
h) Przed podaniem lekko ostudź.

85.Obrót pizzą

SKŁADNIKI:
- 1 opakowanie (2 arkusze) ciasta francuskiego, rozmrożonego
- 1 szklanka sosu marinara
- 1 szklanka startego sera mozzarella
- 1/4 szklanki pokrojonej pepperoni
- 1/4 szklanki pokrojonych w plasterki czarnych oliwek
- 1/4 szklanki pokrojonych w plasterki grzybów
- 1/4 szklanki pokrojonej w kostkę papryki
- 1/4 szklanki pokrojonej w kostkę cebuli
- 1/4 szklanki startego parmezanu
- 1 łyżka oliwy z oliwek
- 1 łyżeczka suszonego oregano
- 1 łyżeczka suszonej bazylii
- Sól i pieprz do smaku
- Mąka, do posypania

INSTRUKCJE:
a) Rozgrzej piekarnik do 200°C (400°F). Blachę do pieczenia wyłóż papierem pergaminowym.
b) Na lekko posypanej mąką powierzchni rozłóż jeden arkusz ciasta francuskiego. Rozwałkuj go lekko, aby był nieco cieńszy.
c) Za pomocą noża lub noża do pizzy pokrój ciasto na 4 kwadraty.
d) W misce wymieszaj sos marinara, ser mozzarella, pepperoni, czarne oliwki, pieczarki, paprykę, cebulę, parmezan, oliwę, oregano, bazylię, sól i pieprz.
e) Na połówkę każdego kwadratu ciasta francuskiego nałóż łyżkę nadzienia do pizzy, zostawiając brzegi na brzegach.
f) Złóż drugą połowę ciasta na nadzienie, tworząc kształt trójkąta. Brzegi dociśnij widelcem, aby je zamknąć.
g) Powtórzyć proces z pozostałym arkuszem ciasta francuskiego i nadzieniem.
h) Ułóż bułki na przygotowanej blasze do pieczenia.
i) Wierzch placków posmaruj odrobiną oliwy z oliwek i w razie potrzeby posyp dodatkowo parmezanem.
j) Piec w nagrzanym piekarniku przez 20-25 minut lub do momentu, aż placki będą napęczniałe i złocistobrązowe.
k) Przed podaniem pozostaw placki do ostygnięcia na kilka minut.
l) Podawaj na ciepło i ciesz się pyszną pizzą!

OBROTY DESERÓW

86.Obroty jabłkowo-cynamonowe

SKŁADNIKI:
- 2 arkusze ciasta francuskiego, rozmrożone
- 2 duże jabłka, obrane, wydrążone i pokrojone w kostkę
- 1/4 szklanki granulowanego cukru
- 1 łyżeczka mielonego cynamonu
- 1 łyżka soku z cytryny
- 2 łyżki masła, roztopionego
- Cukier puder, do posypania

INSTRUKCJE:
a) Rozgrzej piekarnik do 190°C (375°F). Blachę do pieczenia wyłóż papierem pergaminowym.
b) W misce wymieszaj pokrojone w kostkę jabłka, cukier granulowany, mielony cynamon i sok z cytryny, aż dobrze się połączą.
c) Rozwałkuj arkusze ciasta francuskiego i pokrój każdy na 4 kwadraty.
d) Na połowę każdego kwadratu ciasta nałóż łyżkę mieszanki jabłkowej, pozostawiając brzegi na brzegach.
e) Złóż drugą połowę ciasta na nadzienie, tworząc kształt trójkąta. Brzegi dociśnij widelcem, aby je zamknąć.
f) Obroty przełożyć na przygotowaną blachę do pieczenia.
g) Wierzch placków posmaruj roztopionym masłem.
h) Piec w nagrzanym piekarniku przez 20-25 minut lub do momentu, aż placki staną się złotobrązowe i puszyste.
i) Pozwól, aby placki ostygły przez kilka minut, a następnie posyp je cukrem pudrem.
j) Podawaj na ciepło i ciesz się smakiem!

87. Obroty wiśniowo-migdałowe

SKŁADNIKI:

- 2 arkusze ciasta francuskiego, rozmrożone
- 1 szklanka nadzienia do ciasta wiśniowego
- 1/4 szklanki plasterków migdałów
- 1 jajko, ubite
- 1 łyżka cukru granulowanego

INSTRUKCJE:

a) Rozgrzej piekarnik do 190°C (375°F). Blachę do pieczenia wyłóż papierem pergaminowym.
b) Rozwałkuj arkusze ciasta francuskiego i pokrój każdy na 4 kwadraty.
c) Na połówkę każdego kwadratu ciasta nałóż łyżkę nadzienia z wiśni i posyp płatkami migdałów.
d) Złóż drugą połowę ciasta na nadzienie, tworząc kształt trójkąta. Brzegi dociśnij widelcem, aby je zamknąć.
e) Obroty przełożyć na przygotowaną blachę do pieczenia.
f) Wierzch placków posmaruj roztrzepanym jajkiem i posyp cukrem granulowanym.
g) Piec w nagrzanym piekarniku przez 20-25 minut lub do momentu, aż placki staną się złotobrązowe i puszyste.
h) Przed podaniem pozwól, aby obroty lekko ostygły.
i) Podawaj na ciepło i ciesz się smakiem!

88. Obroty Nutellą i Bananami

SKŁADNIKI:

- 2 arkusze ciasta francuskiego, rozmrożone
- 1/2 szklanki Nutelli
- 2 banany, pokrojone w plasterki
- 1 jajko, ubite
- Cukier puder, do posypania

INSTRUKCJE:

a) Rozgrzej piekarnik do 190°C (375°F). Blachę do pieczenia wyłóż papierem pergaminowym.
b) Rozwałkuj arkusze ciasta francuskiego i pokrój każdy na 4 kwadraty.
c) Posmaruj Nutellą połowę każdego kwadratu ciasta, a następnie połóż na wierzchu kilka plasterków banana.
d) Złóż drugą połowę ciasta na nadzienie, tworząc kształt trójkąta. Brzegi dociśnij widelcem, aby je zamknąć.
e) Obroty przełożyć na przygotowaną blachę do pieczenia.
f) Wierzch placków posmaruj roztrzepanym jajkiem.
g) Piec w nagrzanym piekarniku przez 20-25 minut lub do momentu, aż placki staną się złotobrązowe i puszyste.
h) Przed posypaniem cukrem pudrem orzeszki powinny lekko ostygnąć.
i) Podawaj na ciepło i ciesz się smakiem!

89. Obroty Peach Cobbler

SKŁADNIKI:
- 2 arkusze ciasta francuskiego, rozmrożone
- 1 szklanka pokrojonych w kostkę brzoskwiń (świeżych lub z puszki)
- 2 łyżki granulowanego cukru
- 1 łyżka soku z cytryny
- 1/2 łyżeczki mielonego cynamonu
- 1/4 łyżeczki mielonej gałki muszkatołowej
- 1 łyżka skrobi kukurydzianej
- 1/4 szklanki posiekanych orzechów pekan (opcjonalnie)
- 1 jajko, ubite
- Cukier Turbinado do posypania (opcjonalnie)

INSTRUKCJE:
a) Rozgrzej piekarnik do 190°C (375°F). Blachę do pieczenia wyłóż papierem pergaminowym.
b) W misce wymieszaj pokrojone w kostkę brzoskwinie, cukier granulowany, sok z cytryny, mielony cynamon, mieloną gałkę muszkatołową i skrobię kukurydzianą, aż dobrze się połączą. Jeśli używasz posiekanych orzechów pekan, również je wymieszaj.
c) Rozwałkuj arkusze ciasta francuskiego i pokrój każdy na 4 kwadraty.
d) Na połówkę każdego kwadratu ciasta nałóż łyżkę masy brzoskwiniowej.
e) Złóż drugą połowę ciasta na nadzienie, tworząc kształt trójkąta. Brzegi dociśnij widelcem, aby je zamknąć.
f) Obroty przełożyć na przygotowaną blachę do pieczenia.
g) Wierzch placków posmaruj roztrzepanym jajkiem.
h) Opcjonalnie posyp wierzch bułek cukrem turbinado, aby dodać im słodyczy i tekstury.
i) Piec w nagrzanym piekarniku przez 20-25 minut lub do momentu, aż placki staną się złotobrązowe i puszyste.
j) Przed podaniem pozwól, aby obroty lekko ostygły.
k) Podawaj na ciepło i ciesz się smakiem!

90. Mieszane jagody z polewą waniliową

SKŁADNIKI:

- 2 arkusze ciasta francuskiego, rozmrożone
- 1 szklanka mieszanych jagód (takich jak truskawki, jagody, maliny)
- 1/4 szklanki granulowanego cukru
- 1 łyżka skrobi kukurydzianej
- 1 łyżeczka ekstraktu waniliowego
- 1 jajko, ubite
- 1 szklanka cukru pudru
- 1-2 łyżki mleka

INSTRUKCJE:

a) Rozgrzej piekarnik do 190°C (375°F). Blachę do pieczenia wyłóż papierem pergaminowym.
b) W misce wymieszaj zmieszane jagody, cukier granulowany, skrobię kukurydzianą i ekstrakt waniliowy, aż dobrze się połączą.
c) Rozwałkuj arkusze ciasta francuskiego i pokrój każdy na 4 kwadraty.
d) Nałóż łyżkę mieszanki jagodowej na połowę każdego kwadratu ciasta.
e) Złóż drugą połowę ciasta na nadzienie, tworząc kształt trójkąta. Brzegi dociśnij widelcem, aby je zamknąć.
f) Obroty przełożyć na przygotowaną blachę do pieczenia.
g) Wierzch placków posmaruj roztrzepanym jajkiem.
h) Piec w nagrzanym piekarniku przez 20-25 minut lub do momentu, aż placki staną się złotobrązowe i puszyste.
i) Przed przygotowaniem glazury poczekaj, aż obroty lekko ostygną.
j) W małej misce wymieszaj cukier puder z mlekiem, aż masa będzie gładka. Gorącą glazurą polej ciepłe placki.
k) Podawaj i ciesz się!

91.Czekoladowe Obroty Orzechów Laskowych

SKŁADNIKI:
- 2 arkusze ciasta francuskiego, rozmrożone
- 1/2 szklanki kremu czekoladowo-orzechowego (np. Nutella)
- 1/4 szklanki posiekanych orzechów laskowych
- 1 jajko, ubite
- Cukier puder, do posypania

INSTRUKCJE:
a) Rozgrzej piekarnik do 190°C (375°F). Blachę do pieczenia wyłóż papierem pergaminowym.
b) Rozwałkuj arkusze ciasta francuskiego i pokrój każdy na 4 kwadraty.
c) Na połówkę każdego kwadratu ciasta nakładamy masę czekoladowo-orzechową, a następnie posypujemy posiekanymi orzechami laskowymi.
d) Złóż drugą połowę ciasta na nadzienie, tworząc kształt trójkąta. Brzegi dociśnij widelcem, aby je zamknąć.
e) Obroty przełożyć na przygotowaną blachę do pieczenia.
f) Wierzch placków posmaruj roztrzepanym jajkiem.
g) Piec w nagrzanym piekarniku przez 20-25 minut lub do momentu, aż placki staną się złotobrązowe i puszyste.
h) Przed posypaniem cukrem pudrem orzeszki powinny lekko ostygnąć.
i) Podawaj na ciepło i ciesz się smakiem!

92. Obrót puddingiem ryżowym

SKŁADNIKI:
- 2 arkusze ciasta francuskiego, rozmrożone
- 1 szklanka ugotowanego budyniu ryżowego (domowego lub kupnego)
- 1/4 szklanki rodzynek
- 1 łyżeczka mielonego cynamonu
- 1/4 szklanki posiekanych orzechów (takich jak migdały lub orzechy pekan)
- 1 jajko, ubite
- Cukier puder, do posypania

INSTRUKCJE:
a) Rozgrzej piekarnik do 190°C (375°F). Blachę do pieczenia wyłóż papierem pergaminowym.
b) W misce wymieszaj ugotowany budyń ryżowy, rodzynki, mielony cynamon i posiekane orzechy, aż dobrze się połączą.
c) Rozwałkuj arkusze ciasta francuskiego i pokrój każdy na 4 kwadraty.
d) Na połówkę każdego kwadratu ciasta nałóż łyżkę mieszanki budyniu ryżowego.
e) Złóż drugą połowę ciasta na nadzienie, tworząc kształt trójkąta. Brzegi dociśnij widelcem, aby je zamknąć.
f) Obroty przełożyć na przygotowaną blachę do pieczenia.
g) Wierzch placków posmaruj roztrzepanym jajkiem.
h) Piec w nagrzanym piekarniku przez 20-25 minut lub do momentu, aż placki staną się złotobrązowe i puszyste.
i) Przed posypaniem cukrem pudrem orzeszki powinny lekko ostygnąć.
j) Podawaj na ciepło i ciesz się smakiem!

OBRÓT WARZYW

93. Obrót Ziemniakami Ziołowymi

SKŁADNIKI:

- 2 duże ziemniaki, obrane i pokrojone w kostkę
- 1 łyżka oliwy z oliwek
- 1 łyżeczka suszonego tymianku
- Sól i pieprz do smaku
- 1 opakowanie arkuszy ciasta francuskiego, rozmrożone
- 1 roztrzepane jajko (do posmarowania jajek)

INSTRUKCJE:

a) Rozgrzej piekarnik do 190°C (375°F).
b) W garnku z wrzącą wodą ugotuj pokrojone w kostkę ziemniaki do miękkości, następnie odcedź je i rozgnieć.
c) Na patelni rozgrzej oliwę z oliwek na średnim ogniu. Dodaj puree ziemniaczane, tymianek, sól i pieprz i smaż, aż się zarumieni.
d) Rozwałkuj arkusze ciasta francuskiego i pokrój je w kwadraty.
e) Na każdy kwadrat nałóż porcję mieszanki ziemniaczanej, złóż ciasto, tworząc trójkąt i sklej brzegi widelcem.
f) Ułóż placki na blasze wyłożonej papierem do pieczenia, posmaruj ich wierzch jajkiem i piecz przez 20-25 minut lub do złotego koloru.

94. Obroty grzybowe

SKŁADNIKI:
- 2 szklanki posiekanych grzybów
- 1 łyżka masła
- 1 ząbek czosnku, posiekany
- Sól i pieprz do smaku
- 1 opakowanie arkuszy ciasta francuskiego, rozmrożone
- 1 roztrzepane jajko (do posmarowania jajek)

INSTRUKCJE:
a) Rozgrzej piekarnik do 375°F (190°C).
b) Na patelni rozpuść masło na średnim ogniu. Dodaj grzyby i czosnek, smaż, aż grzyby będą miękkie. Doprawić solą i pieprzem.
c) Rozwałkuj arkusze ciasta francuskiego i pokrój je w kwadraty.
d) Na każdy kwadrat nałóż porcję mieszanki grzybów, złóż ciasto, tworząc trójkąt i sklej brzegi widelcem.
e) Ułóż placki na blasze wyłożonej papierem do pieczenia, posmaruj ich wierzch jajkiem i piecz przez 20-25 minut lub do złotego koloru.

95.Obroty serem kozim i szpinakiem

SKŁADNIKI:
- 2 szklanki świeżego szpinaku, posiekanego
- 4 uncje koziego sera, pokruszonego
- 1 opakowanie arkuszy ciasta francuskiego, rozmrożone
- 1 roztrzepane jajko (do posmarowania jajek)

INSTRUKCJE:
a) Rozgrzej piekarnik do 375°F (190°C).
b) W misce wymieszaj posiekany szpinak i pokruszony kozi ser.
c) Rozwałkuj arkusze ciasta francuskiego i pokrój je w kwadraty.
d) Na każdy kwadrat nałóż odrobinę mieszanki szpinaku i koziego sera, złóż ciasto, tworząc trójkąt i zlep brzegi widelcem.
e) Ułóż placki na blasze wyłożonej papierem do pieczenia, posmaruj ich wierzch jajkiem i piecz przez 20-25 minut lub do złotego koloru.

96.Obroty Warzywne Z Sosem Gorgonzola

SKŁADNIKI:
- 2 szklanki mieszanych warzyw (takich jak brokuły, kalafior i marchewka), pokrojonych w kostkę
- 2 łyżki oliwy z oliwek
- Sól i pieprz do smaku
- 1 opakowanie arkuszy ciasta francuskiego, rozmrożone
- 1 roztrzepane jajko (do posmarowania jajek)

SOS GORGOZOLA:
- 1/2 szklanki sera Gorgonzola, pokruszonego
- 1/2 szklanki gęstej śmietanki
- Sól i pieprz do smaku

INSTRUKCJE:
a) Rozgrzej piekarnik do 375°F (190°C).
b) Pokrojone w kostkę warzywa wymieszać z oliwą, solą i pieprzem. Rozłóż na blasze do pieczenia i piecz w piekarniku przez 20-25 minut lub do miękkości.
c) Rozwałkuj arkusze ciasta francuskiego i pokrój je w kwadraty.
d) Na każdy kwadrat nałóż porcję pieczonych warzyw, złóż ciasto, tworząc trójkąt i sklej brzegi widelcem.
e) Ułóż placki na blasze wyłożonej papierem do pieczenia, posmaruj ich wierzch jajkiem i piecz przez 20-25 minut lub do złotego koloru.

SOS GORGOZOLA:
f) W małym rondlu podgrzej gęstą śmietanę na średnim ogniu, aż zacznie się gotować.
g) Zmniejsz ogień do małego i dodaj pokruszony ser Gorgonzola. Mieszać, aż ser się roztopi, a sos będzie gładki.
h) Dopraw solą i pieprzem do smaku.
i) Podawaj placki warzywne z ciepłym sosem Gorgonzola skropionym na wierzchu.

97.Obrót ziemniakami i szczypiorkiem

SKŁADNIKI:
- 2 duże ziemniaki, obrane i pokrojone w kostkę
- 1 łyżka oliwy z oliwek
- 1 łyżeczka suszonego szczypiorku
- Sól i pieprz do smaku
- 1 opakowanie arkuszy ciasta francuskiego, rozmrożone
- 1 roztrzepane jajko (do posmarowania jajek)

INSTRUKCJE:
a) Rozgrzej piekarnik do 375°F (190°C).
b) W garnku z wrzącą wodą ugotuj pokrojone w kostkę ziemniaki do miękkości, następnie odcedź je i rozgnieć.
c) Na patelni rozgrzej oliwę z oliwek na średnim ogniu. Dodaj puree ziemniaczane, szczypiorek, sól i pieprz i smaż, aż się zarumieni.
d) Rozwałkuj arkusze ciasta francuskiego i pokrój je w kwadraty.
e) Na każdy kwadrat nałóż porcję mieszanki ziemniaczanej, złóż ciasto, tworząc trójkąt i sklej brzegi widelcem.
f) Ułóż placki na blasze wyłożonej papierem do pieczenia, posmaruj ich wierzch jajkiem i piecz przez 20-25 minut lub do złotego koloru.

98. Obroty szpinakowe

SKŁADNIKI:
- 2 szklanki świeżego szpinaku, posiekanego
- 1 cebula, drobno posiekana
- 2 ząbki czosnku, posiekane
- 1 łyżka oliwy z oliwek
- Sól i pieprz do smaku
- 1 opakowanie arkuszy ciasta francuskiego, rozmrożone
- 1 roztrzepane jajko (do posmarowania jajek)

INSTRUKCJE:
a) Rozgrzej piekarnik do 375°F (190°C).
b) Na patelni rozgrzej oliwę z oliwek na średnim ogniu. Dodaj posiekaną cebulę i czosnek, smaż, aż zmiękną.
c) Na patelnię dodajemy posiekany szpinak i smażymy, aż zwiędnie. Doprawić solą i pieprzem.
d) Rozwałkuj arkusze ciasta francuskiego i pokrój je w kwadraty.
e) Na każdy kwadrat nałóż odrobinę mieszanki szpinaku, złóż ciasto, tworząc trójkąt i sklej brzegi widelcem.
f) Ułóż placki na blasze wyłożonej papierem do pieczenia, posmaruj ich wierzch jajkiem i piecz przez 20-25 minut lub do złotego koloru.

99. Obrót bakłażanem

SKŁADNIKI:

- 1 duży bakłażan, pokrojony w kostkę
- 2 łyżki oliwy z oliwek
- 1 cebula, drobno posiekana
- 2 ząbki czosnku, posiekane
- Sól i pieprz do smaku
- 1 opakowanie arkuszy ciasta francuskiego, rozmrożone
- 1 roztrzepane jajko (do posmarowania jajek)

INSTRUKCJE:

a) Rozgrzej piekarnik do 375°F (190°C).
b) Pokrojonego w kostkę bakłażana wymieszać z oliwą, solą i pieprzem. Rozłóż na blasze do pieczenia i piecz w piekarniku przez 20-25 minut lub do miękkości.
c) Na patelni rozgrzej oliwę z oliwek na średnim ogniu. Dodaj posiekaną cebulę i czosnek, smaż, aż zmiękną.
d) Dodaj upieczony bakłażan na patelnię i dobrze wymieszaj. W razie potrzeby doprawić dodatkową solą i pieprzem.
e) Rozwałkuj arkusze ciasta francuskiego i pokrój je w kwadraty.
f) Na każdy kwadrat nałóż porcję mieszanki bakłażanów, złóż ciasto, tworząc trójkąt i sklej brzegi widelcem.
g) Ułóż placki na blasze wyłożonej papierem do pieczenia, posmaruj ich wierzch jajkiem i piecz przez 20-25 minut lub do złotego koloru.

100. Obrót warzywny z sosem z pieczonych pomidorów

SKŁADNIKI:
- 2 szklanki mieszanych warzyw (takich jak papryka, cukinia i marchewka), pokrojonych w kostkę
- 2 łyżki oliwy z oliwek
- Sól i pieprz do smaku
- 1 opakowanie arkuszy ciasta francuskiego, rozmrożone
- 1 roztrzepane jajko (do posmarowania jajek)

PIECZONY SOS POMIDOROWY:
- 2 szklanki pomidorków koktajlowych
- 2 ząbki czosnku, posiekane
- 2 łyżki oliwy z oliwek
- Sól i pieprz do smaku

INSTRUKCJE:
a) Rozgrzej piekarnik do 375°F (190°C).
b) Pokrojone w kostkę warzywa wymieszać z oliwą, solą i pieprzem. Rozłóż na blasze do pieczenia i piecz w piekarniku przez 20-25 minut lub do miękkości.
c) Rozwałkuj arkusze ciasta francuskiego i pokrój je w kwadraty.
d) Na każdy kwadrat nałóż porcję pieczonych warzyw, złóż ciasto, tworząc trójkąt i sklej brzegi widelcem.
e) Ułóż placki na blasze wyłożonej papierem do pieczenia, posmaruj ich wierzch jajkiem i piecz przez 20-25 minut lub do złotego koloru.

PIECZONY SOS POMIDOROWY:
f) Rozgrzej piekarnik do 400°F (200°C).
g) Pomidorki koktajlowe i przeciśnięty przez praskę czosnek wymieszać z oliwą, solą i pieprzem. Rozłóż na blasze do pieczenia i piecz w piekarniku przez 20-25 minut lub do momentu, aż pomidory będą miękkie i lekko skarmelizowane.
h) Pieczone pomidory i czosnek przełóż do blendera lub robota kuchennego i zmiksuj na gładką masę. W razie potrzeby doprawić dodatkową solą i pieprzem.
i) Obroty warzywne podawaj z sosem z pieczonych pomidorów.

WNIOSEK

Żegnając „KOMPLETNA KSIĄŻKA KUCHENNA TURNOVER", żegnamy się z sercami pełnymi wdzięczności za delektowane smaki, stworzone wspomnienia i kulinarne przygody przeżyte po drodze. Dzięki 100 przepisom, które celebrują wszechstronność i smakowitość zapiekanek, wyruszyliśmy w podróż ku doskonałości ciasta, odkrywając radość tworzenia od podstaw kruchych, aromatycznych smakołyków.

Ale nasza podróż nie kończy się tutaj. Wracając do naszych kuchni, uzbrojeni w nowo odkrytą inspirację i uznanie dla obrotów, kontynuujmy eksperymenty, innowacje i tworzenie. Niezależnie od tego, czy pieczemy dla siebie, naszych bliskich czy gości, niech przepisy zawarte w tej książce kucharskiej będą źródłem radości i satysfakcji na długie lata.

A delektując się każdym pysznym kęsem ciasta, pamiętajmy o prostych przyjemnościach, jakie daje dobre jedzenie, dobre towarzystwo i radość pieczenia. Dziękujemy, że dołączyłeś do nas w tej pysznej podróży. Niech Wasze placki zawsze będą kruche, nadzienia zawsze aromatyczne, a kuchnia zawsze wypełniona ciepłem i szczęściem.

www.ingramcontent.com/pod-product-compliance
Lightning Source LLC
Chambersburg PA
CBHW050021130526
44590CB00042B/1172